Crítica da retórica democrática

Luciano Canfora

Crítica da retórica democrática

Tradução do italiano
Valéria Silva

Estação Liberdade

Título original italiano: *Critica della retorica democratica*
© 2002, Gius. Laterza & Figli S.p.a., Roma-Bari. Edição brasileira por acordo com a agência literária Eulama, Roma
© Editora Estação Liberdade, 2007, para esta tradução

Preparação de original	Adilson José Miguel
Revisão	Estação Liberdade
Composição	Johannes C. Bergmann / Estação Liberdade
Capa	Nuno Bittencourt / Letra & Imagem
Imagem da capa	Hiroji Kubota: *Siderúrgica de Anshan, Liaoning, China, 1981*. © Magnum Photos
Editores	Angel Bojadsen e Edilberto Fernando Verza

CIP-BRASIL – CATALOGAÇÃO NA FONTE
Sindicato Nacional dos Editores de Livros, RJ

C225c
   Canfora, Luciano, 1942-
     Crítica da retórica democrática / Luciano Canfora ; tradução do italiano Valéria Silva. – São Paulo : Estação Liberdade, 2007
     120 p.

   Tradução de: Critica della retorica democratica
   ISBN 978-85-7448-118-0
   1. Democracia I. Título.

06-2606.   CDD 321.8
                                                     CDU 321.7

Todos os direitos reservados à
Editora Estação Liberdade Ltda.
Rua Dona Elisa, 116 | 01155-030 | São Paulo-SP
Tel.: (11) 3661 2881 | Fax: (11) 3825 4239
editora@estacaoliberdade.com.br
www.estacaoliberdade.com.br

Sumário

Prólogo. Pode a maioria estar errada?   11
1. "Iuxta propria principia"   23
2. Vencer as eleições   27
3. Perder as eleições   31
4. O plebiscito dos mercados   37
5. O paradoxo democrático   39
6. Luttwak, Hobsbawm, Aron: as democracias oligárquicas   43
7. Os "novos ricos" não vieram de Marte   49
8. O sistema misto: os "corretivos" da democracia   57
9. Antonio Gramsci, elitista integral   65
10. O papa e o professor   71
11. Por uma crítica da retórica democrática   75
12. Da elite à máfia   83
13. A parábola da esquerda: fim da utopia?   87
14. Novos explorados, novas crises   97
15. De um setembro a outro   101
16. Algumas idéias sobre o novo século   103

À guisa de conclusão   109

Índice onomástico   113

Imperium, quod inane est,
nec datur umquam

[O poder, coisa vã,
jamais (nos) é dado]

Lucrécio
De rerum natura, III, 998

Prólogo

Pode a maioria estar errada?

Os quinhentos juízes que condenaram Sócrates constituíam uma amostra significativa da cidadania ateniense. Não deixa de ser útil relembrar o mecanismo por meio do qual eles eram escolhidos. O ponto de partida para a formação de um tribunal era uma lista de seis mil cidadãos, provavelmente voluntários, redigida anualmente: tratava-se de simples cidadãos e não de peritos em direito. Eram cerca de um quarto do corpo cívico, se considerarmos que, num censo realizado mais ou menos oitenta anos após esse processo, os cidadãos atenienses somavam ao todo 21 mil.[1] O número de jurados que compunha cada um dos tribunais variava de acordo com a importância da causa: de qualquer modo, tratava-se sempre de algumas centenas. No caso do processo contra Sócrates, podemos presumir com facilidade que houvesse quinhentos juízes, número provavelmente habitual. Cada júri gozava de plena autoridade e competência. Os cidadãos-juízes recebiam um salário de três óbolos diários, ou seja, o necessário para viver. Por isso, principalmente aqueles menos favorecidos desejavam ser sorteados. Era um trabalho muito satisfatório, mesmo com o modesto pagamento. Grande parte dos negócios públicos terminava no tribunal e, assim sendo, os seis mil cidadãos-juízes deliberavam sobre a vida da comunidade no tribunal tanto quanto, ou talvez até mais, que nas sessões da assembléia popular.

Chegava-se ao veredicto após uma seqüência de etapas: num primeiro momento, era discutida a culpa ou a inocência; em seguida,

---

[1]. Ateneu, 272 B-D.

se o réu fosse considerado culpado, discutia-se o caráter da pena. Tanto na primeira como na segunda discussão, o acusado tinha permissão para falar.

O processo contra Sócrates (399 a.C.), acusado de impiedade, tratou-se na verdade de um processo "político". Político no sentido específico, porque através de sua figura atacava-se o inspirador (ou o presumido inspirador) dos homens que se mostraram mais nocivos à cidade (Alcibíades e Crítias), mas também político numa acepção mais ampla, à medida que o processo contra as "idéias" era, de fato, uma forma um tanto quanto terrorista de exercer o controle sobre os desvios de conduta. E Sócrates foi processado justamente como mestre do desvio. Os quinhentos cidadãos sorteados que o julgaram viam-no como um crítico perturbador do sistema político vigente e, ao mesmo tempo, como um ímpio contestador dos deuses, logo, das bases éticas sobre as quais se apoiava a vida da comunidade.

Não temos nem o texto nem o relato do que Sócrates disse em sua própria defesa durante o processo. Em toda a sua vida, Sócrates jamais deixou nada escrito, evidentemente por uma escolha definida, que buscava privilegiar o *diálogo* sobre a *asserção*, a *pesquisa* sobre a *certeza*; também não se preocupou, como haviam feito outros réus, em escrever a sua autodefesa pronunciada no tribunal. Foi Platão quem escreveu a "Apologia de Sócrates", inspirando-se, muito provavelmente, naquilo que fora de fato dito por Sócrates. É improvável que Platão tenha colocado em circulação um discurso totalmente diverso das palavras proferidas por Sócrates — teria sido considerado, entre outras coisas, um gesto arrogante contra o mestre. Platão conhecia bem a práxis da oratória ática, que se preocupava em conservar um vínculo entre a palavra falada e a palavra escrita.

Na "Apologia" que Platão lhe atribuiu, Sócrates retoma todo o caso da ação persecutória da qual tinha sido alvo no decorrer dos anos. Remonta a um passado distante, quase um quarto de século. O único nome que pronuncia é um grande nome, o de Aristófanes:

"Esta é a acusação. Haveis visto algo de símile na comédia de Aristófanes: um Sócrates que diz caminhar suspenso nos ares e passear sobre as nuvens, e alardeia uma infinidade de outras tolices." Refere-se à comédia *As nuvens*, de 423 a.C., cuja desagradável cena final representava um incêndio na casa de Sócrates. Mas Aristófanes não foi o único a atacá-lo usando essa tribuna de enorme eficácia, que era a cena cômica. Uma outra comédia que competiu no mesmo ano e que esteve entre as três vencedoras também era dirigida contra Sócrates: *Connos*, de Amipsias. Já é significativo por si só o fato de que vários autores cômicos, independentes entre si, tenham atacado Sócrates para obter sucesso no palco. É ainda mais intrigante que dois concorrentes de uma mesma competição tenham feito a mesma escolha. E ambos terem sido vencedores indica que o público não era indiferente ao tema. Não é por acaso que Platão, na "Apologia", inclua Aristófanes e os outros comediógrafos no rol dos "antigos acusadores", aqueles que prepararam o terreno e tornaram possível que, num dado momento, a acusação contra Sócrates, apresentada ao tribunal por Meleto, Ânito e Lícon, tivesse credibilidade. Em linguagem moderna, poder-se-ia dizer que o teatro cômico influenciou fortemente a *opinião pública* contra Sócrates, ou seja, assumiu a função da mídia atual, que orienta o pensamento de uma maneira ou de outra — exceção feita, é claro, a todas as diferenças entre uma sociedade pré-moderna, como a ateniense do século V a.C., e uma complexa sociedade moderna. De qualquer modo, é indiscutível que o teatro exercia uma poderosa função de orientação e influência, mesmo naquele mundo pré-moderno, ainda mais considerando a "vigilância" estatal sobre as representações, da qual fala Platão nas *Leis*: ele chega a definir a democracia ateniense como "teatrocracia".[2]

Mais adiante na "Apologia", Sócrates deixa bem claro que sua *crítica da política* tinha sido uma das principais razões que o isolaram

---

2. Platão, em *Leis*, 701 A.

da opinião pública. Relembra seus encontros com vários políticos, com os quais tinha procurado examinar a natureza específica de seu *conhecimento*, esforço que levou sempre à constatação da inexistência de tal saber. Esse é um assunto que Platão tratará insistentemente e de forma central em seus diálogos, nos quais os ensinamentos de Sócrates e a reflexão original platônica se misturam, mas que, de qualquer modo, demonstra-nos, sem nenhuma dúvida, a importância dessa reflexão acerca da política no âmbito da investigação socrática. Uma confirmação disso nos é dada pelos diálogos que Xenofonte, outro discípulo de Sócrates, menos amado pelos modernos, reconstruiu em seus *Comentários socráticos*. Também nesta obra, Sócrates é representado no ato de interrogar estrategos, hiparcas, oradores e políticos sobre a especificidade de sua "ciência".

Questionar acerca do que seja propriamente a política — como sucede, por exemplo, no "Protágoras", no qual Sócrates importuna Protágoras sobre o problema —, se a política é algo que possa ser ensinado, assim como a arte de pintar ou de tocar a flauta (e, portanto, se existem pessoas capazes de ensiná-la — como pretende Protágoras — da mesma forma que se ensinam as outras "artes"), e se essa pretensa especificidade não contraria o fato de que no campo da música, da geometria ou da astronomia fala quem é competente, enquanto que sobre os "interesses gerais da cidade", todos se atrevem a falar, artífices e marinheiros, ricos e pobres, sapateiros e comerciantes (o que acaba contradizendo a premissa segundo a qual a política seria algo a ser ensinado); perseguir com essas perguntas não só os atenienses comuns, propensos naturalmente à conversação, mas também e sobretudo os detentores do "saber" político, na prática os mestres da palavra, mestres daquela oratória que de fato determinava — na práxis da assembléia — o elemento discriminante entre quem fala e quem escuta, entre quem guia e quem é guiado, era, por parte de Sócrates, a forma mais antidemagógica possível de estimular a autocrítica do sistema político vigente, ou, em outras palavras, de tornar-se abominável aos beneficiários — líderes ou gregários — daquele sistema. Daqui deriva, muito mais do que da amizade com Alcibíades ou da convivência com Crítias, o "consenso" disseminado que se coagulou em torno da condenação do inabalável antidemagogo.

Certamente, o fato de ter "permanecido na cidade", como foi dito então, durante os meses do governo dos Trinta[3] (do qual o próprio Crítias tinha sido o chefe), agora se voltava contra ele. Era um assunto polêmico que os defensores da condenação utilizavam de forma consciente, sabendo da eficácia sedutora de tal recriminação. Argumento sedutor, sim, porém refutável: sem assumir o papel de herói, antes com tom pacatamente descuidado, Sócrates relembra, na "Apologia" de Platão, que muito cedo entrara em atrito com os chefes dos Trinta e que, se o regime não tivesse caído, teria sido liquidado fisicamente bem antes de isso ser providenciado pela democracia restaurada. "Eu já teria sido morto se esse governo não fosse derrubado pouco depois."[4] Esse argumento se tornava ainda mais frágil ao ser aproximado de uma outra acusação: a de ter educado Alcibíades, político considerado nocivo para a cidade (embora naquele tempo tal parecer não fosse unânime), mas também ele vítima dos Trinta e, portanto, de certa maneira, antípoda deste mau governo. Incriminar Sócrates por causa de ambos — tanto Alcibíades quanto Crítias — significava, na realidade, inutilizar a acusação, ou melhor, não entender que, em sua ininterrupta indagação dialógica, Sócrates podia encontrar tanto Alcibíades como Crítias sem ser o educador de nenhum deles. Ininterrupta indagação dialógica que deve ter incomodado a "opinião pública" satisfeita com seus valores e suas certezas e pronta para defendê-los com a força do próprio fato de ser "maioria". É isso que Sócrates zombeteiramente deixa

---

3. Sob proteção dos espartanos, que haviam vencido Atenas na batalha Egos Pótamos, em 405 a.C., forma-se em 404 a.C. uma comissão administrativa de trinta membros para governar a cidade: eram os "trinta tiranos", oligarquia feroz, que aterrorizou a população e foi deposta em 403 a.C. por Trasíbulo. [N.E.]

4. Platão, em "Apologia", 32 D.

entrever quando diz, fingindo querer ser cativante: "Digo, pois, ó cidadãos, que outro parecido não tereis com tanta facilidade; mas, se me ouvísseis, me pouparíeis." Logo, porém, acrescenta: "Mas vós talvez estejais irritados comigo como aqueles que são despertados no melhor do sono. E, assim, obedecendo a Ânito, me condenareis à morte tranqüilamente e depois, por todo o resto de vossas vidas, continuareis a dormir, caso o deus não se preocupe em mandar-vos qualquer outro em meu lugar."[5]

A acusação que Sócrates enfrentou diante dos juízes, porém, não punha em causa diretamente a política. Esse elemento estava no ar, esvoaçava, por assim dizer, em torno do processo. Por isso Sócrates não hesita em falar a esse respeito, deixando claro a sua própria postura intrinsecamente impolítica, ao relembrar os riscos mortais que havia enfrentado tanto na democracia, quando refutara como ilegal a condenação dos generais vencedores em Arginusa ("e em seguida todos haveis concordado comigo"), como sob a ditadura dos Trinta. Sobre o fundamento essencialmente político da condenação falaram, mais tarde, escritores como Polícrates, a quem, não por acaso, Xenofonte, que tinha participado da experiência dos Trinta, contestou.

A acusação apresentada ao tribunal era, pelo contrário, capciosamente religiosa e obscurantista: Sócrates não acreditava nos deuses cultuados pela cidade e, além disso, corrompia a juventude. Quem apresentou a acusação pode ter seguido a norma (já então multiplamente violada) da "anistia", que, recomposta após o término da guerra civil[6], proibia que fossem efetuados procedimentos judiciários motivados explicitamente pelas escolhas do acusado à época daquela guerra. Seja como for, evitava-se o caminho sempre

---

5. Ibidem, 31 A.
6. Durante a tirania dos Trinta, exilados atenienses democratas, liderados por Trasímaco, lutavam contra os oligarcas na tentativa de reinstaurar o regime democrático. [N.E.]

escorregadio do processo político. Preferia-se a via do processo por delito de opinião, na convicção (bem fundada) de que esta seria a forma destinada a obter a aprovação da "maioria". Não era a primeira vez. Anaxágoras, amigo de Péricles, já tinha escapado de uma condenação segura, preferindo deixar Atenas, acusado de "ateísmo". O próprio Péricles pôde ser atingido por uma acusação do gênero na pessoa de sua querida Aspásia. Esse era um assunto que aproximava a maioria dos atenienses; e de fato os aproximou, em 399 a.C., quando do veredicto que condenou Sócrates. Voltaire tenta se consolar de forma um tanto esquemática, no capítulo VII do *Tratado sobre a tolerância*, quando escreve: "Sabemos que no início obteve 220 votos favoráveis. O tribunal dos 'Quinhentos' contava, pois, com 220 filósofos: é muito."

Anaxágoras livrou-se da morte, Sócrates quis enfrentá-la — não porque estivesse cansado da vida, como Xenofonte afirmou de forma tola em sua "Apologia de Sócrates". Anaxágoras não se tornou, nos séculos seguintes, um símbolo; Sócrates, sim, justamente por causa de sua decisão de sofrer até as últimas conseqüências o erro de seus condenadores. Aristóteles também se deparou, décadas mais tarde, com a mesma ameaça, e preferiu agir como Anaxágoras, e não como Sócrates, "para evitar" — como disse — "que os atenienses pecassem mais uma vez contra a filosofia". Os atenienses eram assim mesmo, e Aristóteles, que além de tudo era meteco, não tinha a menor intenção de oferecer-se como vítima sacrifical ao obscurantismo vigente (e às vezes predominante) na cidade que Tucídides definiu, pela boca de Péricles, em seu célebre epitáfio, como "escola da Hélade".

Não era incomum, durante a ditadura fascista [da Itália], referir-se a Sócrates como vítima de uma maioria que erra, significando que o fato de ser maioria não implica, por si só, ter a razão do seu lado. A *História dos gregos*, de Gaetano de Sanctis[7], um dos

---

7. Gaetano de Sanctis (1870-1957): historiador especialista em Antigüidade, nascido e falecido em Roma. [N.T.]

pouquíssimos professores universitários italianos que se recusou a prestar o juramento de "fidelidade ao regime fascista", terminava com um capítulo sobre Sócrates e, creio, apresentava uma oculta auto-identificação entre o próprio autor e o filósofo.

A aventura de um pequeno livro publicado no momento em que o fascismo se tornava, com o consenso popular, uma ditadura aberta — sendo logo esquecido, republicado apenas cinqüenta anos depois (em 1976, pela editora Adelphi), e desde o princípio posto em um silêncio desconcertante —, é bastante instrutiva em relação ao que vínhamos dizendo. Trata-se de *Princípio majoritário*, de Edoardo Ruffini[8], contemporâneo e amigo de Gobetti[9], ele também um dos pouquíssimos docentes universitários italianos que não jurou fidelidade ao regime fascista; uma minoria realmente ínfima (doze num total de 1.213), e nem por isso errada.

"A regra comuníssima", assim começava Ruffini, "segundo a qual numa comunidade deve prevalecer o que quer a maioria, e não a minoria, encerra um dos problemas mais singulares que a mente humana já afrontou." Em seguida, no início de seu escrito significativamente colocado sob o signo da pergunta de Louis Blanc, *Le droit est-ce un chiffre?* [O direito é um algarismo?], indicava "um equívoco fundamental". Ou seja: "O princípio majoritário é natural e óbvio até que seja contraposto ao seu absurdo inverso, o princípio minoritário. Porém, se refletirmos sobre o *quão numerosos e variados podem ser os meios para conceder a um grupo uma vontade unitária* (grifos meus), podemos nos perguntar se não teria razão Sumner Maine[10], que considera ser o princípio da maioria justamente o mais artificial de todos." Além disso, observa ainda Ruffini no capítulo introdutório, "se o número estivesse *também do lado da minoria*, como

---

8. Edoardo Ruffini (1901-1982): historiador do direito. [N.T.]
9. Piero Gobetti (1901-1926): importante intelectual liberal e antifascista. [N.T.]
10. H. J. Sumner Maine, *Étude sur l'histoire des institutions primitives*, Paris: 1880. [Ed. ing.: *Lectures on the Early History of Institutions*, Londres: John Murray, 1875.]

no caso de uma deliberação tomada com pequeno descarte de votos", deixa de vingar o argumento que reconhece como prova de maior discernimento o prevalecer de uma maioria.

Assim, para retornar ao caso de Sócrates do qual partimos, devemos recordar que, dentre os jurados, se 280 votaram pela condenação, 220 votaram pela absolvição: os 220 "filósofos" de Voltaire. O próprio Sócrates, no segundo discurso a ele atribuído por Platão, que teria sido pronunciado após o veredicto de culpado, visando agora definir a pena, alude, sempre ironicamente, ao embaraço dos seus acusadores, motivado pela modesta diferença de votos. E declara a própria admiração pelo número de votos expressos a seu favor, pois já contava com a condenação: "Antes me surpreendo com o número de votos dos dois partidos. Por mim, não imaginava que a diferença fosse tão pequena, e sim muito maior, pois, se somente trinta votos fossem da outra parte, eu teria sido absolvido." Ou seja, um grande número (geralmente considerado um pressuposto da justiça intrínseca de uma decisão tomada pela maioria) havia se expressado tanto por uma como pela outra tese. E então?

Ruffini, que considerava a questão sob uma perspectiva muito geral, também observou (capítulo XV) que a maior parte dos estudiosos considera o princípio majoritário exclusivamente um problema de política eleitoral, como se esse fosse "o único aspecto digno de relevo". "Para nós, porém", objetava, "é apenas um de seus inúmeros aspectos", e declarava, gracejando, não querer se "perder no labirinto legislativo e doutrinário do parlamentarismo moderno". Com maior liberdade de pensamento, atingia, por essa razão, o ponto crítico, isto é, o nexo entre o princípio majoritário e o princípio igualitário. E buscava uma solução extraindo do pensamento grego uma correção ao mero "critério numérico", repetindo a expressão de Gramsci, na famosa página dos *Cadernos do cárcere*[11],

---

11. A. Gramsci, *Quaderni del carcere*, org. V. Gerratana, Torino: Einaudi, 1979, p. 1625. [Ed. bras.: *Cadernos do cárcere*, org. C. N. Coutinho, Rio de Janeiro: Civilização Brasileira, 1999/2002, 6 vols.]

intitulada "O número e a qualidade nos regimes representativos", à qual voltaremos. O enunciado "'É preciso obedecer aos decretos da maioria'", notava Ruffini, "poderia ser incorporado a outro de Tucídides[12], quando afirma que 'a maioria, *depois de ouvidos os oradores*, é a mais capaz de julgar'".

E comentava a frase de Tucídides da seguinte forma: "À questão sobre se o princípio majoritário não seria apenas um princípio justo e útil, mas também um bom princípio, os gregos não deram uma resposta direta. Todavia, foram os primeiros a tratar de um problema cujas resoluções têm, em relação àquela questão, um certo valor: o problema da capacidade intelectual da multidão." Problema delicado e declive escorregadio. Citando os *Cavaleiros*, de Aristófanes — no qual o Coro se dirige ao Povo e o repreende: "Escutas sempre os oradores boquiaberto: mesmo que estejas presente, teu espírito está ausente." E o Povo responde: "É de propósito que me finjo de idiota." Ruffini concluía: "Eis aqui todo o dilema."

Ruffini, de resto, não escondia que o ataque ao princípio majoritário implica, freqüentemente, o propósito de "atacar as instituições democráticas". E carregando, talvez, de significados a frase de Tucídides, indicava no aumento da "capacidade de julgamento" uma possível solução do "dilema", isto é — diríamos hoje — por meio de uma educação política cada vez mais difundida e eficaz. Ele tinha razão, mesmo que o propósito seja árduo. Nesse ponto há um retorno a Sócrates: a "política" como educação. A contraprova da justeza dessa intuição pode ser vista na difusão e no impetuoso — e à primeira vista inesperado — êxito dos atuais movimentos obscurantistas e antiigualitários, que conquistam a maioria (e às vezes até mesmo chegam ao poder), mediante uma vasta, sutil e eficaz *deseducação de massa*, tornada possível nas sociedades ditas avançadas ou complexas pela força, hoje ilimitada, dos instrumentos de comunicação e de manipulação das mentes. (E nas sociedades sob

---

12. Tucídides, VI, 39.

a forte influência do obscurantismo arcaico de base religiosa, em movimentos até eleitoralmente irresistíveis, como por exemplo, a Frente Islâmica na atual Argélia[13]).

"A numeração dos votos", escreveu Gramsci com eficiência e perspicácia na página já citada dos *Cadernos*, "é a *manifestação terminal de um longo processo*, no qual a influência máxima pertence justamente àqueles que 'dedicam ao Estado e à Nação seus melhores esforços' [a expressão é irônica]. Se esse pretenso grupo de optimates, apesar das imensas forças materiais que possui, não obtém o consenso da maioria, deverá ser considerado inepto!"

Parece que nem Ruffini nem Gramsci refletiram sobre o uso, no italiano do século XIV, de "maioria" no sentido de "opressão", salientado há alguns anos atrás por Roberto Ridolfi[14]. Em *Tumulto dei Ciompi*[15], de autoria de Capponi, "um sapateiro agarrou Carlo Strozzi pelo peito dizendo: Carlo, Carlo, as coisas correrão de modo diferente do que imaginas, e as vossas maiorias, convém a todos que sejam extintas". É interessante lembrar que Ridolfi recolheu esse belo exemplo nas fichas compiladas por Gino Capponi, o "cândido Gino" da leopardiana *Palinodia*[16], para a quinta impressão do *Vocabolario della Crusca*[17], e que o usava como um reforço irônico a uma frase (fortemente desaprovada por ele) do escritor soviético Konstantin Zarodov, que escreveu no *Pravda*, polemizando contra

---

13. Frente Islâmica de Salvação (FIS). [N.T.]
14. R. Ridolfi, "Maggioranza", *Corriere della Sera*, Roma, 1º de setembro de 1975.
15. *Ciompi* eram os trabalhadores assalariados de condição ínfima, na Florença do século XIV, empregados nos trabalhos com a lã. [N.T.]
16. G. Leopardi (1798-1837), *I Canti nº XXXII – Palinodia al marchese Gino Capponi*. [N.T.]
17. Vocabulário da língua italiana publicado pela primeira vez em 1612, pela Accademia della Crusca, a mais prestigiada instituição lingüística italiana, fundada em Florença em 1583. [N.T.]

os defensores de uma democracia meramente eleitoralista: "A maioria não é um conceito aritmético, mas político." Zarodov estava muito mais próximo do liberal Ruffini do que Ridolfi podia suspeitar. Uma vez que, ao contrário de Ridolfi, Ruffini sentia — não por acaso, no momento da consolidação do regime fascista na Itália — a insuficiência do princípio aritmético da "maioria", enquanto assumido como valor absoluto e capaz de conduzir em si mesmo as razões da própria legitimação.

1
"Iuxta propria principia"*

Um dos legados mais repulsivos da propaganda difundida no tempo da guerra fria é o "fundamentalismo democrático". A expressão, não muito feliz, embora substancialmente clara, é de García Márquez. Indica o uso arrogante de uma palavra ("democracia"), que, em sua conotação atual, inclui e abrange o contrário daquilo que expressa etimologicamente, e, ao mesmo tempo, a intolerância com relação a qualquer outra forma de organização política que não seja o parlamentarismo, a compra e venda do voto, o "mercado" político.

Um corolário desse fundamentalismo é a avaliação esquemática generalizada, de todas as outras ordens políticas. O que difere do modelo parlamentar é o totalitário, o mal. Esse modo de ver ou, melhor dizendo, "de não ver" a realidade, tem repercutido em todas as direções, impedindo de compreender a multiplicidade do mundo, como este vinha se articulando nos cinqüenta anos que se seguiram à Segunda Guerra Mundial. Tem sido um dano antes de tudo cultural e, portanto, também político. Encastelados no reino do "bem", os formadores de opinião observam o resto do mundo enrolando-se na própria cauda, como o Minos dantesco, para indicar o círculo (metafórico, e às vezes não apenas metafórico, se considerarmos os massacres da CIA no Chile e na Indonésia) no qual deve cair esse ou aquele adversário.

---
* "Conforme os próprios princípios." [N.E.]

23

Depois do fim da União Soviética, tem sido a China, em particular após Tienanmen, e apesar dos galanteios instrumentais da época de Nixon, o objeto privilegiado desse esforço de não-compreensão. Uma voz sensata e crítica levantou-se há alguns anos. É a voz de um estudioso que não viajou apenas "com Ptolomeu"[1], para repetirmos Ariosto, mas que talvez tenha errado, aos olhos dos "fundamentalistas", ao escrever, no início dos anos 1980, *Os gigantes enfermos*[2], livro não-alinhado, como se pretendia, à época. De fato, esse livro colocava no mesmo plano, como objeto de análise, o reino do "bem" e o reino "do mal"! E não estamos falando de um bolchevique, e sim de Alberto Ronchey[3].

Ronchey escrevia, pois, sobre a China pós-Deng-Xiaoping, procurando compreender em vez de sentenciar: "Mais do que propriamente comunista, o regime aparece hoje como uma espécie de coletivismo confuciano modernizado." (Quando consideramos que Confúcio era um dos alvos prioritários da "Revolução Cultural" maoísta, vemos que a estrada percorrida não foi curta.) "É um híbrido de estatismo totalitário e mercantilismo, entre fechamento político interno e abertura econômica rumo aos empreendimentos privados nacionais ou estrangeiros." (Inútil dizer que a receita não é nova, e em alguns pontos se assemelha à NEP, de boa memória.) "Em Pequim perduram no poder os herdeiros do dogmático Mao junto aos do pragmático Deng. Por quê?"

A resposta parte justamente do evento de propaganda mais explorado no Ocidente e o encara, de modo significativo, a partir de um aforismo de Deng: "Em qualquer nação, em qualquer época, há pelo menos um por cento de cidadãos rebeldes a qualquer autoridade. Aqui, porém, entre um bilhão e duzentos milhões de chineses, um por cento significa doze milhões de rebeldes nas praças."

---

1. Citação de passagem de uma das sátiras de Ludovico Ariosto, cujo significado, neste caso, é o de viajar o mundo sem sair de casa. [N.T.]
2. A. Ronchey, *USA–URSS: i giganti malati*, Milão: Rizzoli, 1981.
3. Alberto Ronchey: escritor e jornalista, nascido em Roma, em 1926; foi ministro de Bens Culturais e Ambientais de junho de 1992 a maio de 1994. [N.T.]

Daí a pergunta: "Como governar, então, uma nação imensa, com a perspectiva de doze praças Tienanmen rebeladas? Não há um termo de comparação com os pressupostos das civilizações liberais surgidas na Grã-Bretanha, nos Estados Unidos e na França. E não seria possível nem mesmo uma comparação com Cuba." "Os ocidentais têm freqüentemente interpretado os eventos na China com os sistemas de julgamento e os parâmetros históricos de seu próprio mundo, em vez de estudar a China *iuxta propria principia*. [...] Aquela remota entidade existe tal como fizeram-na a história mais antiga, a demografia moderna mais acelerada em suas taxas de crescimento, a hidrografia mais catastrófica e a dominação colonial mais dolorosa." "Talvez antecipe, sem que seja previsível em outro lugar uma tal estabilidade de governo, ainda que despótica, o futuro do Terceiro Mundo investido pela bomba demográfica."[4] Voltaremos, ao final destas páginas, a esse ponto capital.

Por ora nos limitaremos a recordar que já Heródoto, quando relatou durante uma leitura pública em Atenas que após a morte de Cambises e com o fim do usurpador que o sucedera, alguém propôs "instaurar a democracia na Pérsia", *ele não foi acreditado*. E que, no diálogo de George Cornewall Lewis[5] sobre a "melhor forma de governo" (1863), uma das objeções recorrentes é que o sistema "parlamentar" (por fundamentalismo depois definido *tout court* "democrático") não é adequado para ser implantado indiscriminadamente em qualquer civilização ou qualquer terreno, sem que isso implique, nas palavras do político e historiador inglês, a arrogância dos liberais racistas à moda de Julius Schwarcz (1873), para quem a "democracia" seria uma prerrogativa exclusiva da "raça branca".

---

4. A. Ronchey, "L'ultima Cina nell'era di Jiang" [A última China na era de Jiang], *Corriere della Sera*, 26 de setembro de 1999, p. 1.

5. Sir George Cornewall Lewis (1806-1863): político, estadista e letrado britânico. [N.T.]

Enfim, não são esses mesmos fundamentalistas "democráticos" que repetem, quase sem cessar, que liberismo e liberalismo (eles dizem de forma mais tosca: capitalismo e democracia) são indissolúveis?

O quanto, na realidade, era mera propaganda a *indignatio* da qual o regime político chinês fora objeto por tão longo tempo, é algo que se pôde ver em outubro de 2001, quando o presidente dos Estados Unidos despencou na China para cortejar a cúpula do partido oficial, de modo a conseguir neutralidade na insensata guerra "contra o terrorismo", desencadeada pelos EUA nas fronteiras chinesas. A China transformou-se a partir daquele momento num parceiro digno, estimado e confiável. Tienanmen não existe mais.

2
Vencer as eleições

Em novembro de 2000, ocorreu aquele que talvez seja o evento mais importante para o século que iria começar. Foi imposta a eleição de George Bush júnior, apesar de sua derrota nas urnas. Para tanto, foi impedida, por meio de um veredicto politicamente predeterminado pela Corte Suprema dos Estados Unidos, a recontagem dos votos no estado da Flórida, o que — caso fosse concretizada e corretamente verificada — teria assinalado a derrota do candidato Bush.

Ninguém jamais pensou que as eleições presidenciais norte-americanas fossem um processo "democrático". Mesmo aqueles que, quando solicitados a exprimir-se a respeito, o apóiam, intimamente não acreditam nele. Na época em que Tocqueville, atento viajante europeu, visitou os Estados Unidos, antes da terrível carnificina da Guerra de Secessão, a exclusão dos negros do efetivo usufruto dos direitos políticos (e, em alguns estados, mesmo dos civis) era um dado conhecido e aceito. Basta relembrar o brilhante diálogo político já citado do grande estadista e historiador George Cornewall Lewis, *Qual é a melhor forma de governo?*, publicado na Inglaterra pouco antes da Guerra de Secessão norte-americana. Num trecho desse diálogo, um dos três interlocutores, defensor da inevitabilidade da oligarquia, observa que nem mesmo nos Estados Unidos a democracia existe, visto que boa parte de sua população está excluída de fato e de direito do espaço político, como, acrescenta o arguto interlocutor, acontecia em Atenas, em detrimento da população não-livre. Nem mesmo Atenas era uma "democracia". Tese hoje difundida no senso comum, mas que naquela época ainda causava impressão, e que tinha sido antecipada justamente por Tocqueville num capítulo memorável sobre as "antigas repúblicas", incluído na segunda parte de *Democracia na América*.

Contudo, essa é uma história remota. O que nos interessa aqui é a práxis eleitoral do nosso tempo. Como se sabe, nos jornais europeus, as reportagens sobre as eleições presidenciais norte-americanas jamais apresentam, ou melhor, praticamente escondem os resultados *em termos de votos*; apresentam apenas a porcentagem. Procura-se esconder (na Europa o fato poderia parecer vergonhoso, caso conhecido) que a maioria dos cidadãos com direito de voto, nos EUA, não exercita tal direito. O mecanismo é simples. O título eleitoral não é entregue a cada um dos cidadãos, como acontece na Europa; os cidadãos é que devem tomar a iniciativa de requerê-lo, agindo como solicitante. E uma grande maioria não o faz, por várias razões, entre as quais destaca-se de maneira óbvia o absenteísmo político das comunidades pobres e marginais. Além disso, grande parte daqueles que retiram o título também não vota. Enfim, o vencedor representa uma modesta minoria do corpo cívico. Pode-se dizer, entretanto, que isso é fisiológico e de qualquer modo (formalmente) não deriva nem de coações nem de proibições.

O fato realmente novo de novembro de 2000 é, contudo, o ato de força. Lançou-se mão, pela primeira vez, da *proibição da recontagem dos votos*, operação que teria determinado a derrota do candidato que *deveria* vencer. Esse golpe de Estado (o próprio Al Gore assim o definiu num dos momentos mais quentes da demorada queda de braço) é inédito na história dos Estados Unidos. E, já que se trata dos senhores do planeta, nenhum órgão de imprensa considerável, na atônita Europa, ousou afirmar de forma aberta e insistente a perturbadora verdade; verdade que teria sido bradada, caso se tratasse de qualquer outro país.

De fato, as implicações imediatas desse golpe de Estado da Corte Suprema viriam a ser muitas e todas antitéticas com relação à retórica invasiva que dirige a comunicação e a formação da opinião pública nos países de peso. A implicação é que forças poderosas exigiam *aquele* presidente, e deviam tê-lo *de qualquer maneira*. A comédia eleitoral foi concluída do melhor modo possível. O jogo tinha sido impedido, mas isso não deveria absolutamente modificar o resultado esperado.

Resultado esperado não por causa de meros detalhes, mas para impor escolhas fundamentais, como a recusa do protocolo de Kyoto e o relançamento das "guerras estelares". A primeira significava eliminar com um único golpe tudo aquilo que tinham conquistado durante anos de batalhas os movimentos de alcance mundial, que lutam para salvar o meio-ambiente, ou seja, a vida da humanidade, dos efeitos do capitalismo descontrolado. Com o fim do temor pela vitória do movimento comunista mundial, era lógico que o ataque fosse redirecionado contra esse generoso (e ingênuo) movimento, cujo discurso verídico está associado a uma angelical tendência para apropriar-se dos símbolos fracassados da não-violência. Todas as ilusões foram varridas já nos primeiros meses da presidência Bush Jr. O outro argumento, ainda mais inquietante, se é que possível, era o propósito de aniquilar a China, considerada o único possível antagonista à supremacia mundial dos Estados Unidos (do ponto de vista militar, a Europa é um clube domesticado e inócuo). Já em 30 de janeiro de 2001, ou seja, apenas vinte dias após a posse de Bush Jr., o Pentágono simulava a batalha virtual EUA-China com o uso de mísseis e do "escudo espacial", na previsão de um conflito não virtual, mas verdadeiro, reservadamente previsto para o ano 2017.[1] Porém, o imprevisto ataque terrorista no coração dos Estados Unidos (11 de setembro de 2001)[2] fez com que esses loucos cenários fossem, por enquanto, arquivados.

---

1. *Corriere della Sera*, 30 de janeiro de 2001, p. 14. "Em seus *jogos de guerra* secretos, o Pentágono configura a China como o inimigo a ser combatido a partir de 2015, quando o seu arsenal militar se aproximará do norte-americano." (*Corriere della Sera*, 22 de outubro de 2001, p. 2).
2. Sobre o argumento, cf. *infra*, cap. 15.

Nos postos decisivos do planeta, os EUA conduzem as eleições e fabricam o vencedor. O caso mais gritante e famoso de repercussão mundial foi a reeleição de Ieltsin, na Rússia, em disputa com Ziuganov, líder neocomunista, provável vencedor com base nas pesquisas. Uma testemunha idônea descreveu o que realmente foram essas eleições num livro documentado e rigorosamente ignorado pela imprensa, imbatível em farejar o vento e na sua espontânea capacidade de subserviência. Esse livro é *Adeus, Rússia*, e seu autor, Giulietto Chiesa.[3]

Em poucos meses, Ieltsin foi catapultado dos cerca de 2% das "intenções de voto" que lhe foram atribuídos. Não atingiu a maioria, obviamente, mas com a criação de um terceiro candidato nacional-populista, o general Lebed, o temido êxito de Ziuganov no primeiro turno foi exorcizado. O resto foi brincadeira de meninos. Embora, nesse caso, meninos da CIA.

Naquele momento as eleições russas assumiam uma importância capital. Os EUA não podiam perdê-las e, de fato, as venceram pontualmente. De modo inverso, as disputas referentes a dilemas para doutores escolásticos (Major ou Blair, Kohl ou Schröder, etc.) foram deixadas pelos EUA aos interessados. E sabem que se trata, afinal, de gigantescos torneios de críquete.

Não é verdade que, em geral, as eleições não sejam relevantes. Ao contrário, realizadas em locais decisivos e em momentos decisivos, elas são acompanhadas, dirigidas e guiadas rumo ao objetivo desejado. Teria sido um sinal de absurda incompetência perdê-las na própria casa. O auto-afundamento de Al Gore, que renunciou a lutar, tem algo de tragicômico. É bem mais do que o suicídio de um candidato.

---

3. G. Chiesa, *Russia addio*, Roma: Editori Riuniti, 1997.

3

Perder as eleições

Quando a "riqueza das nações" dominantes está baseada em longínquos mundos subalternos e dependentes, democratas e antidemocratas (à antiga) — isto é, direita e esquerda (no Ocidente moderno) — numericamente se equilibram. Ou melhor, a tendência é a esquerda perder as eleições. Este é o principal motivo pelo qual as formações políticas de direita ostentam uma particular devoção ao mecanismo parlamentar (vulgarmente chamado "democrático"). E é um dos instrumentos essenciais para o exercício do poder guarnecido de "consenso".

Na verdade, é impróprio definir como "democracia" um sistema político no qual o voto é mercadoria no mercado político, e a admissão ao Parlamento requer um "dispêndio" eleitoral fortíssimo por parte do aspirante a "representante popular". Esse aspecto entristecedor (mais ainda no plano ético do que no democrático) e fundamental do sistema parlamentar permanece, em grande parte, obscuro. Contudo, é o pilar básico do sistema. A camada política representa tendencialmente as classes médio-altas e abastadas. Mas é considerado antiparlamentar afirmar abertamente essa verdade de imediata evidência.

A freqüente derrota eleitoral da esquerda nos países ricos de tradição parlamentar consolidada (que são também os países decisivos do planeta) fica, assim, mais fácil de ser compreendida. À primeira vista, é curioso que justamente a esquerda não aprecie enfrentar e se apropriar, e quem sabe divulgar, uma crítica lúcida do mecanismo parlamentar, do qual é vítima, por medo de ser difamada com adjetivos e julgamentos desonrosos. É súcuba da cultura de seus adversários.

Mas, se a esquerda perde muito freqüentemente as eleições, isso significa que em geral ela *não agrada* aqueles a quem solicita o consenso. Por que isso acontece? Uma razão determinante é que, em condições "normais", nos países ricos e decisivos, a "maioria" prefere, ou melhor, adora, os valores, o comportamento e os modelos representados pelos detentores da riqueza. Não é por acaso que os grandes veículos de informação, os jornais, populares ou não, a televisão, etc., costumam tratar exclusivamente da vida (inclusive da vida privada) dos poderosos. Eles são, tanto no plano público quanto no privado, o objeto privilegiado do discurso público. A eventual "janela" que surge enfocando a vida de determinadas pessoas comuns só se abre para veicular possivelmente a "mudança de lugar" de algumas delas na escala social, mudança que talvez tenha se dado por meio desse potente instrumento de poder que é a comunicação de massa.

São raros, poder-se-ia dizer excepcionais e, de qualquer modo, breves, os momentos nos quais a maioria tende para a esquerda. Isso acontece, por exemplo, quando as atitudes de alguns ricos e poderosos tornam-se *evidentemente* prejudiciais *erga omnes**. Foi assim que o primeiro conflito mundial deu à luz a revolução comunista e a conseqüente agitação na Ásia e nos outros mundos dependentes. Às vezes, nesses raros momentos, são realizados violentos ajustes de contas: Espártaco, Cromwell, o Terror, a Comuna. Episódios sobre os quais, passado o temor, são escritos "livros negros".

Mas a distinção da qual deveríamos partir, ao falar sobre *direita* e *esquerda* (na Itália e fora dela), é entre direita e esquerda enquanto "partidos" ou formações políticas, e direita e esquerda enquanto instâncias, aspirações (e os relativos grupos sociais que as personificam). Se considerarmos as formações políticas enquanto tais, e as suas autodefinições, enredamo-nos em diversas aporias. Tem-se, por exemplo, a impressão de um autêntico vaivém entre posições e proclamações políticas, que reaparecem de tempos em tempos, e criam

---

* "Para com todos." [N.E.]

as premissas para a eterna disputa sobre quem no "final" tinha razão. Mas esse "final" não chega jamais, pelo menos nas ações humanas: por isso todos parecem ter tido razão em seu próprio tempo. Considere-se a sucessão das diversas "esquerdas" italianas, do acionismo[1] pós-unitário ao nascimento do Partido do Trabalho e depois do Partido Socialista, dos comunistas e depois ainda do PDS (Partido Democratico della Sinistra), que parece hoje se identificar com os pilares do acionismo do pós-guerra, destroçado em sua época pelo desastre eleitoral e pela completa perda de consenso. Além do mais, nosso país é aquele que deu vida, no século XX, a um tipo de formação política que pretendia ser, ao mesmo tempo, de direita e de esquerda, assim como o fascismo — revivescência atualizada do bonapartismo, posicionamento que durante muito tempo corrompeu a cena política no século XIX.

Se então passamos à direita, o embaraço não é menor, considerando apenas o posicionamento oitocentista à direita das formações liberais, as quais, porém, no início do século, pareciam de esquerda perante os governos originados da Restauração. Um detalhe que não se pode negligenciar: a orientação liberal condenava o bonapartismo por ser herdeiro dos excessos "totalitários" da Revolução, e defendia as "cartas constitucionais", a exemplo de Luís XVIII, resultante da Restauração. Mas, em relação ao movimento democrático de 1848, esses mesmos liberais encontraram-se à direita, e rapidamente foram vencidos pelo novo bonapartismo, que por sua vez derrotou também a esquerda. Eram liberais aqueles que defenderam a entrada do fascismo no governo italiano em 1922. Com o tempo, muitos deles entraram em atrito com o fascismo. Na Libertação constituíram a direita do CLN[2], com a

---

1. Acionismo (*azionismo*): relativo ao Partido da Ação (*Partito d'Azione*), atuante entre 1942 e 1947. Era um partido político antifascista de inspiração democrática e influenciado pelo *Risorgimento*. [N.T.]
2. *Comitato di Liberazione Nazionale* (Comissão de Libertação Nacional): associação de partidos e movimentos de diferentes posicionamentos culturais e

Democracia Cristã ao centro (porém, graças a muitos de seus homens, deslocada para a esquerda). Nos cinqüenta anos seguintes da República, esses liberais se colocaram alternadamente ao centro ou à direita, mas nunca tão à direita como os qualunquistas[3] e os neofascistas (que atualmente se autodenominam Aliança Nacional[4] e devem tudo, ou quase tudo, a um movimento de "centro", a Força Itália[5], dirigida por um Estado-maior craxiano[6], e muitas vezes, de fato, posicionado mais à direita do que a própria Aliança Nacional).

Eis porque falar de *direita* e *esquerda* com o objetivo de definir o posicionamento das formações políticas modernas e contemporâneas é, sobretudo, desnorteador.

A questão é compreender quais fatores, mentalidades e políticas são de direita e quais são de esquerda. À véspera das eleições políticas italianas de 1994, Bobbio publicou um livro intitulado *Direita e esquerda*[7], no qual buscava examinar a *igualdade* como terreno de diferenciação e como pedra de toque. A esquerda assume a igualdade como valor dominante, e constrói as suas estratégias políticas em função dela (para torná-la o máximo possível efetiva,

---

ideológicos. Compreendia desde os comunistas aos católicos (que, mais tarde, fundariam a Democracia Cristã), opunha-se ao fascismo e à ocupação alemã, e coordenou e dirigiu a Resistência italiana. [N.T.]

3. Qualunquismo: movimento surgido em Roma no pós-guerra, cujo programa era a defesa dos direitos do homem comum (*qualunque*). [N.T.]

4. *Alleanza Nacionale* (AN): partido político de direita, fundado em 1995 e presidido desde sua fundação por Gianfranco Fini; participou da coalização de centro-direita denominada *Casa delle Libertà*.[N.T.]

5. *Forza Italia*: partido político de inspiração liberal e democrata cristã, presidido desde sua fundação, em 1994, por Silvio Berlusconi, ex-primeiro-ministro italiano. [N.T.]

6. Referência a Bettino Craxi (1934-2000), primeiro socialista chefe do governo italiano, acusado de corrupção e abuso de poder, em 1994, e condenado a oito anos de prisão. [N.T.]

7. N. Bobbio, *Direita e esquerda,* trad. Marco Aurélio Nogueira, São Paulo: Editora da Unesp, 2000. [N.E.]

e não uma afirmação abstrata); a direita, não. Atualmente, a direita declara o "liberismo" como seu credo dominante (palavra relacionada ao conceito de liberdade e, assim, bem apresentável e muito atraente) e, por outro lado, não trata a igualdade como um fim. No máximo, a reduz à paridade dos "direitos", sem jamais esclarecer de que direitos se trata — e, de fato, bastaria concentrar-se no direito à felicidade, ao bem-estar, à cultura, etc., para compreender como a paridade dos direitos remete à igualdade e ao problema de como promovê-la, em vez de limitar-se a contemplá-la como instância legítima.

Alessandro Pizzorno criticou essa diretiva, não porque lhe parecesse falsa, mas porque não é mais aplicável às atuais formas de contraposição social.[8] Pizzorno tende a posicionar, creio que corretamente, a dupla conceitual exclusão/inclusão no centro das lutas em ação no planeta, em seus diversos graus e formas. Por conseguinte, a esquerda, se quer ser tida como tal, inclina-se à inclusão, à aceitação do outro, do diferente, do excluído. A direita, pelo contrário, exclui. E tende a conservar a situação conquistada de bem-estar ou privilégio para as classes e grupos, para as nacionalidades, os países e os cartéis que *já* detêm riqueza e privilégios.

O racismo, em todos os seus ângulos, desde aquele brutal da polícia norte-americana, que assassina o negro mesmo a custo de provocar uma revolta, ao gélido e implacável racismo da Turim dos anos 1950 ("Não se alugam casas a meridionais") e o racismo repugnante e idiota da Liga de Bossi[9], é a *quintessência da direita*. Contém em si todos os diversos tipos de impulso à exclusão. É um comportamento mental e prático que se difunde em todas as camadas. Não por acaso já se observou que boa parte da "classe operária" defende a Liga; como em Marselha e em outros lugares, ela trocou, nos anos 1990, o PCF por Le Pen.

---

8. *La Repubblica*, 7 de fevereiro de 1995, p. 26.
9. *Lega Nord* (Liga Norte): movimento político xenófobo fundado em 1991 por Umberto Bossi, ativo sobretudo no norte da Itália, que propunha a secessão das regiões setentrionais (Padania). [N.T.]

Se quiser sobreviver, a esquerda deverá transformar-se no epicentro de um vasto agrupamento que tenha como eixo valores diametralmente opostos àqueles defendidos e praticados pela direita. Nessa façanha do nosso presente, os aliados de uma esquerda com idéias claras *poderiam ser inúmeros*, provenientes dos mais diferentes credos e das mais diversas camadas. Se, ao contrário, prevalecer a idéia de que os portadores dos valores opostos devam ser seguidos e imitados em seu próprio terreno, a partida estará perdida.

4

O plebiscito dos mercados

É amplamente sabido que Blair, desde o seu primeiro mandato, tem outorgado ao Banco Central da Inglaterra uma autonomia de ação que nenhum governo conservador teria jamais imaginado tão ampla. A Inglaterra neotrabalhista faz a política de Margaret Thatcher com uma determinação bem maior do que jamais ocorreu durante o "interregno" de John Major.

Hans Tietmeyer, presidente do Bundesbank [Banco Central da Alemanha], comentou essa situação inédita de forma bastante eficaz em uma de suas raras declarações. Os governos europeus — afirmou em agosto de 1998 — finalmente escolheram o caminho da renúncia, no que diz respeito aos poderes de decisão fundamentais, em favor dos "*experts* monetários". É um caminho — acrescentou — que privilegia "o permanente plebiscito dos mercados mundiais", em comparação ao mais óbvio e incompetente "plebiscito das urnas".

Com a dureza e a lucidez de quem não é obrigado a produzir propaganda, Tietmeyer punha em foco, assim, a questão central de nossa época. Ou seja, a modificação radical ocorrida, na segunda metade do século XX, na subdivisão dos poderes nas cúpulas dos países influentes: a passagem da autoridade decisória aos "*experts* monetários" e, portanto, às grandes instituições de crédito — que não trazem consigo qualquer "legitimação eleitoral". Exercitam o poder, que compete, agora, ao capital financeiro e segundo estratégias estabelecidas pelos *experts*.

A condição da "competência" tem sido, desde o nascimento do pensamento político no Ocidente, em particular na Grécia antiga, o pilar central da crítica à democracia — entendendo-se, evidentemente, democracia como o exercício direto do poder de assembléia por parte de um vasto grupo social de não-proprietários, a maioria dos quais desprovida de uma educação elevada. É óbvio que a questão da competência não pode ser ignorada. É um "prejulgado" difícil de ser evitado. A resposta genericamente otimista, segundo a qual o próprio exercício da política, com o tempo, acabaria por criar uma competência difusa — ou seja, seria antes uma escola de competência —, não é particularmente convincente, sem falar no seu caráter genérico e, portanto, não probatório.

Na experiência das cidades antigas "tentadas" pelo modelo democrático (entendido, repito, no sentido acima mencionado, que não tem nada em comum com o moderno parlamentarismo), as soluções que se experimentaram, suscitadas pelo prejulgado da "competência", foram de dois tipos: de um lado, a recusa frontal e, portanto, a busca ou a reconfirmação de outros modelos; de outro, a aceitação, unida ao substancial esvaziamento do "modelo" democrático. Filósofos e ideólogos seguiram principalmente a primeira via; e podemos mesmo dizer que todo o pensamento político grego, quer seja expresso por historiadores, filósofos ou oradores, é uma *constante crítica da democracia*. Mesmo quando quem fala (como no caso de Demóstenes) é coagido pelo seu próprio papel a encarregar-se da defesa das formas políticas vigentes em sua cidade. A única exceção foi Heródoto, que, porém, era forasteiro, e talvez por isso mesmo, estivesse sinceramente apaixonado pelo sistema político ateniense.

5
O paradoxo democrático

Com essas considerações, começamos a nos aproximar do "paradoxo" democrático. E com o nome de Demóstenes, citado há pouco, passamos da primeira à segunda categoria: daqueles que, como Platão, ou o "velho oligarca", não encontram nada a ser salvo no sistema democrático, e a ele contrapõem outros modelos, àqueles que, mesmo conscientes dos enormes defeitos do sistema democrático, decidem não apenas aceitá-lo como também dirigi-lo. Os primeiros lutaram, com profusão de argumentos, pela oportunidade de atribuir o poder a uma elite capaz e competente; os últimos não o teorizaram, *mas o fizeram*. Sem, de resto, contrapor-se frontalmente ao sistema, mas sabendo que, de fato, apenas uma elite — à qual eles próprios pertencem pela cultura e pela preparação técnica para a política e o comando militar — é capaz de exercer a função de governante. Esses últimos certamente não são "nobres" (como geralmente pretendem ser os inimigos explícitos da democracia), mas, de qualquer modo, são provenientes das camadas mais abastadas e economicamente fortes. Para eles a "moldura" oferecida pela democracia pode inclusive representar uma vantagem, apesar dos inconvenientes do sistema: a possibilidade de dispor de uma massa de manobra, apegada a seus confusos mitos políticos, para fazer oposição, quando necessário, aos oligarcas. Estes, por sua vez, desejariam um governo dos "melhores" no senso mais rígido e doutrinário, mas, de fato, consideram principalmente os seus interesses de casta. O caso de Platão é anômalo nesse panorama, já que ele não defendia completamente um governo de casta ou uma nobreza de "sangue".

Seu ideal é o mais difícil, embora talvez seja o mais lúcido. Com efeito, seu "comunismo" pressupõe distinções éticas de atribuições entre dirigentes e dirigidos. E os filósofos colocados no ápice da ordem social que ele propõe nada têm em comum com as antigas castas nobiliárias: são os mais seletos e desinteressados cultores do "sumo bem".

Se quiséssemos estabelecer uma comparação com a experiência moderna, poderíamos assimilar — como várias vezes já foi feito, com intenção polêmica — o projeto platônico ao chamado "socialismo real", que foi (e, onde ainda existe, é) autoritário e intervencionista, centrado numa elite selecionada unicamente sob a base do mérito e da ideologia (da "convicção" ideológica). O sistema denominado "democrático", vigente nos Estados Unidos e na Europa (e em alguns dos países dependentes, embora com características próprias que modificaram o modelo), pode ser aproximado, em muitos aspectos, à *prática* ateniense, na qual uma elite proveniente das camadas mercantis e manufatureiras (Demóstenes era filho de um industrial) dirige a coisa pública, buscando, periodicamente, a legitimação das massas. Em Atenas havia, apesar da abundante retórica democrática e até "igualitária" (embora os escravos estivessem totalmente excluídos do espaço político), uma timocracia, formalizada, entre outras coisas, pela norma que excluía dos cargos militares e financeiros máximos quem não fosse pertencente às duas classes censitárias mais elevadas. Nas modernas "democracias parlamentares", é óbvio que tudo é infinitamente mais complexo (por exemplo, os "escravos" foram transferidos para mundos remotos, o que embeleza, e muito, as modernas democracias em comparação com as antigas), porém o critério de acesso à classe política é o mesmo. Isto é, o critério do pertencimento às camadas economicamente "fortes", médio-altas. Basta considerar a sórdida e generalizada práxis do *"custo" individual* de uma eleição ao Parlamento.

Houve um período no Ocidente, entre as revoluções de 1848 e a supressão do movimento comunista europeu, simultaneamente ao fim da União Soviética, um século e meio no total, no qual a existência dos partidos políticos "de classe" garantia uma representatividade mais ou menos notável das classes não-proprietárias, inseridas, assim, *diretamente* na classe política, mesmo que em posição minoritária. Esse foi um processo interessante e inédito, muito semelhante, desse ponto de vista, às efêmeras experiências francesas de 1793/94 e de 1871. Mas antes mesmo que viesse a se esgotar, no tempo e nas circunstâncias ora indicadas, tal novidade havia começado a ser ofuscada por causa da imprevista para alguns (e previsível para outros) constituição de uma elite até mesmo no interior de tais partidos e de sua estrutura. A "lei férrea" da recomposição, em qualquer circunstância e em qualquer contexto, mesmo operário, de uma elite que se instala em posição de governo e ao mesmo tempo assume e exercita privilégios, não poupou nem mesmo essa interessante, e de certo modo durável, experiência. Por outro lado, não podemos esquecer o esforço realizado na primeira fase da experiência soviética para refrear ou reprimir tais fenômenos, mediante mecanismos como a revogabilidade dos mandatos eletivos e o constante — com o tempo insustentável — "controle social". Na época de Stalin, o Terror, sob o modelo jacobino, onipresente na mentalidade revolucionária, foi o instrumento extremo, e no final, repudiado pelo termidorismo de Kruschev, usado para impedir com violência e repressão a articulação de elites baseadas na conquista de privilégios "de classe". Milovan Djilas foi, como veremos, o mais arguto analista da produção desse fenômeno no interior das "sociedades revolucionárias".

Foi uma extraordinária contradição, a dos bolcheviques. Elitistas *par excellence*, por sua própria concepção de partido, empregaram suas forças, sem sucesso, para impedir que a elite combatente se tornasse, como depois de fato aconteceu, *nomenklatura*.

6
Luttwak, Hobsbawm, Aron: as democracias oligárquicas

Num ensaio recente, Edward Luttwak desenvolveu uma crítica impiedosa ao que ele define como "turbocapitalismo". O título do livro é, significativamente, *A ditadura do capitalismo*[1]. É um capitalismo — escreve o cientista político húngaro naturalizado norte-americano — que dita as regras de toda existência individual. (Parecem ecoar, aqui, as famosas e excessivamente celebradas críticas de Benjamin Constant à fase jacobina da Revolução Francesa, considerada por ele uma ditadura do *pouvoir social* sobre a vida, incluindo a privacidade, dos indivíduos.) Isso — prossegue Luttwak — modifica as relações no interior da comunidade, determina, em pouco tempo, a transferência de massas e de valores de um continente a outro, permitindo o mais surpreendente *enriquecimento de pouquíssimos* que jamais tinha sido visto em toda a história da humanidade.

Quando, na metade do século XX, o capitalismo era ainda o "reino" da concorrência, uma das conseqüências dessa "liberdade", já então transgredida, era um maior crescimento econômico. Atualmente — observa Luttwak — o turbocapitalismo almeja a unicidade

---

1. E. N. Luttwak, *La dittatura del capitalismo*, Milão: Mondadori, 1999. Esta obra foi publicada originalmente na Grã-Bretanha, em 1998, com o título *Turbo-capitalism: winners and losers in the Global Economy*. [Ed. bras.: *Turbocapitalismo: perdedores e ganhadores na economia globalizada*, trad. Maria Abramo C. Brant e Gustavo Steinberg, São Paulo: Nova Alexandria, 2001.]

43

do modelo. Ele pretende apagar as *diferenças*: homogeneíza o mundo para constituir um gigantesco mercado para as multinacionais e os *lobbies*.

Um estudioso de formação e de biografia totalmente diferentes, o decano dos historiadores europeus, Eric Hobsbawm, comemorou o 175º aniversário do Birkbeck College (em março de 2001) com um "lamento", em estilo erasmiano, sobre êxito, nesse fim de século, do "modelo" parlamentar (definido, correntemente, ora como "democrático", ora "liberal democrático", ora "livre", às vezes também "constitucional"). Hoje em dia, a inconsistência dessa categoria vaga, em nome da qual tem sido conduzido o "choque de sistema" contra o "socialismo realizado", é evidenciada por Hobsbawm pela constatação de que, adotado o pressuposto "parlamentarismo = democracia", ou então "eleições = democracia", "as características constitucionais comuns à Suécia, Papua Nova Guiné e Serra Leoa (quando aí pudermos encontrar um presidente eleito) colocam oficialmente esses países em uma categoria, enquanto Paquistão e Cuba encontram-se em outra".[2]

Por outro lado, democracia não significa nem mesmo "governo da lei". Bem observa Hobsbawm que um tal "governo" vigorava até mesmo na Prússia guilhermina[3]. E se tivesse experiência do mundo antigo, Hobsbawm teria descoberto inclusive que, em pleno conflito político, em Atenas, quando foram processados os generais vencedores da batalha das Arginusas (406 a.C.) — e apenas Sócrates se opôs, em nome da lei, à condenação sumária deles, por não terem salvado os náufragos —, os demagogos arrebataram a assembléia e derrubaram a oposição de Sócrates lembrando que a vontade do povo está *acima da lei* ("querem impedir o povo de fazer aquilo que quer",

---

2. Citado do *New Statesman*. Tradução italiana em *Internazionale*, nº 377, 2001.
3. *Guilhermino*: adjetivo que se refere à época de Guilherme II (1859-1941), último imperador (*Kaiser*) alemão e rei da Prússia entre 1888 e 1918. [N.T.]

bradaram). Também não significa um regime político fundado no consenso, visto que todos os regimes "plebiscitários" (o mais elegante dos quais foi certamente o de Napoleão III) foram fundados no consenso. Por outro lado, consenso é um conceito superficial, ainda que esteja na moda. O essencial é compreender *como* o consenso é obtido — e a distinção entre conquista e manipulação da opinião pública é na verdade bastante tênue; é, sobretudo, uma questão de pontos de vista. Quando De Gasperi[4] foi pela primeira vez aos Estados Unidos, descobriu, com um certo horror, que "quem domina a televisão vence as eleições", enquanto hoje, na Itália, é considerado normal um líder político possuir ou controlar indiretamente mais da metade das emissoras de TV nacionais; e quem aponta esse poder excessivo como a causa de seu triunfo eleitoral é alvo de zombarias, tratado como um lamurionto passadista. Até o fascismo, em sua época, soube "conquistar" o consenso. Dificilmente, porém, ele será arrolado entre os casos pertencentes à tipologia democrática.

Na realidade, todas as aporias que surgem das tentativas fracassadas de fornecer uma definição peculiar da "democracia", capaz de se adaptar a esse inquietante fenômeno que é a "democracia realizada", nascem do fato que um dado substancial é aceito involuntariamente: isto é, que mesmo as assim chamadas democracias estão fundadas no predomínio das elites. Coube a Raymond Aron, célebre defensor do "liberalismo" contra o "marxismo" mais ou menos imaginário da *intelligentsia* francesa dos anos 1960/70, atentar para o fato principal. Num ensaio não por acaso intitulado "Do caráter oligárquico dos regimes constitucionais-pluralistas" — muito embora num contexto que visa a conotar os regimes "constitucionais-pluralistas" como os melhores *possíveis* — ele observa argutamente: "Não é possível conceber um regime que, de certo modo,

---
4. Alcide De Gasperi (1881-1954): um dos criadores do Partido Popular Italiano e artífice da criação da Democracia Cristã no pós-guerra, eleito primeiro-ministro em 1945. [N.T.]

não seja oligárquico." E esclarece: "A própria essência da política é que as decisões são tomadas não *pela* coletividade, mas *para* a coletividade."[5]

Porém, depois de reconhecer o caráter substancialmente oligárquico até dos regimes de tipo parlamentar, Aron lança duas questões que o induzem a propender, apesar de tudo, por esse gênero de organização do poder: a) nesse tipo de regime há o máximo de garantias para os governados; b) as minorias que, nos regimes constitucionais-pluralistas detêm o controle da economia, não quiseram, ou não puderam, impedir a ampliação da legislação social. (Como exemplo de tal "bondade" mais ou menos espontânea, apresenta este dado: "Não puderam impedir a nacionalização de uma parte das indústrias na França ou na Inglaterra.")

O mesmo Aron, em relação ao item *a*, apresenta como objeção o fenômeno do macarthismo nos Estados Unidos. Fenômeno que induziu Thomas Mann numa célebre conferência proferida no Peace Group de Hollywood, em junho de 1948, a definir a lei Mundt-Nixon sobre as atividades anti-norte-americanas como "um passo decisivo, embora não o primeiro, rumo a um fascismo norte-americano". Aron, porém, liquida essa objeção com um argumento genérico: "Afinal de contas, basta ter vivido em diferentes tipos de regimes para saber que existe uma diferença substancial." É apenas uma resposta parcial, contra a qual vale a observação desenvolvida e argumentada por Mann no discurso de Hollywood: "Não quero dizer que já se viva [nos Estados Unidos] num país fascista ou mesmo semifascista. Mas, enquanto em seu interior os Estados Unidos sejam ainda uma democracia, mesmo que alterada pela guerra fria, em suas relações com o exterior, por sua vez, eles reafirmam e protegem o fascismo em todos os lugares, e desde o fim da guerra

---

5. Essas citações e as seguintes foram extraídas de: R. Aron. "Del carattere oligarchico dei regimi costituzionali-pluralistici", in: *Teoria dei regimi politici*, tradução italiana, Milão: Ed. Comunità, 1973, pp. 109-23. [O título da edição francesa é *Démocratie et totalitarisme*, Paris: Gallimard, 1965.]

têm, portanto, sofrido uma deplorável perda de prestígio moral."[6] Observação baseada nos eventos políticos daqueles anos, nos quais os fascismos espanhol e português e o parafascismo grego (a partir de 1967, abertamente fascismo) gozaram do apoio incondicional dos Estados Unidos, assim como todas as ditaduras anticomunistas da América do Sul. Thomas Mann apontava, com essa simples constatação, para um fenômeno fundamental: teriam se tornado *únicos*, profundamente unitários, os acontecimentos políticos mundiais. Daí, pois, os comportamentos e os "estilos" de cada um dos sistemas políticos passaram a ser — e são — julgados não através da limitada cena nacional, mas em escala mundial. A "globalização" política do planeta já surgia do choque de sistemas provocado pela criação de dois "campos" e pela guerra fria: e, nesse cenário mais amplo, o caráter fascista de um sistema político não era mais considerado pelo isolamento do contexto metropolitano, mas a partir da escala *do "campo" em sua totalidade*. Alguns anos antes, outro exilado alemão nos Estados Unidos, Bertolt Brecht, havia levantado um problema análogo com intuição premonitória: "Um fascismo norte-americano", — escreveu em uma nota do *Arbeitsjournal* [*Diários de trabalho*], — "seria 'democrático'." Nenhum dos dois, obviamente, podia prever as formas de esvaziamento da "soberania popular" à qual os Estados Unidos chegaram, no início do novo século, com a eleição imposta de Bush Jr.

A outra objeção que Aron salientava é muito sintomática. Mas isso se deve ao tipo de argumento apresentado: as nacionalizações como elemento conotativo de uma democracia econômica substancial, capaz de corroer o poder diretivo das oligarquias econômicas. O argumento apresentado por ele revela-se hoje, aos nossos olhos, bastante frágil e um tanto quanto defensivo. Assistimos de fato, hoje, quando o confronto entre "sistemas" não existe mais na Europa,

---

6. A tradução italiana desse importante discurso de Mann foi publicada em 14 de outubro de 1989, no *La Stampa* de Turim.

após o fim da União Soviética, ao desmantelamento daquelas políticas sociais (às quais Aron sinteticamente aludia com o emblemático apelo às "nacionalizações"). Hoje compreendemos facilmente que a interdependência "globalizante" vigorava mesmo sob esse aspecto. A política social das camadas econômicas dirigentes dos grandes países europeus era *condicionada* pela "concorrência de sistemas". Do exterior, o mundo que era proposto como "alternativa", e que podia produzir o consenso para as forças de oposição social no interior dos grandes países europeus ocidentais, *interferia*. A tal ponto que não seria errôneo considerar aquele choque político-social-democrático como um *fenômeno único*, como um conflito único, no qual as concessões estavam em relação direta com as relações de força. Agora tais relações foram mudadas e aquela que Aron denominava "a extensão da legislação social" sofre uma drástica inversão de tendência, que é conduzida por organismos supranacionais e não eletivos, como o Banco Central Europeu ou o Fundo Monetário Internacional.

7

Os "novos ricos" não vieram de Marte

Fiel ao seu admirável rigor intelectual, Raymond Aron também enfrenta, no ensaio comentado no capítulo anterior[1], a "crítica maquiaveliana", como gosta de defini-la, aos regimes de socialismo real. Aron toma como ponto de partida o importante livro de Milovan Djilas, *A nova classe*[2], cujo pensamento ele assim sintetiza esquematicamente: "Os novos regimes que se autodenominam populares nada mais são do que oligarquias, com um pequeno grupo de privilegiados que exploram as massas. Esta nova classe, porém, é estéril, não presta à sociedade serviços proporcionais aos privilégios dos quais goza."

Aron objeta: "A demonstração de Djilas carece de rigor quanto ao ponto principal. Apresentarei a ele a mesma objeção que fiz aos maquiavelianos: quer o regime se chame democracia liberal ou democracia popular, *como poderia ele não conter uma oligarquia*? O problema essencial é, ao contrário, o de saber *como* essa ou aquela oligarquia usa o seu poder, quais são as regras segundo as quais elas governam, qual é, para a coletividade, o preço e quais as vantagens desse governo."

---

1. Cf. *supra*, p. 46, nota 5.
2. Milovan Djilas (1911-1945), nascido em Montenegro, foi um dos políticos mais importantes do Partido Comunista da Iugoslávia. Tornou-se um crítico dos rumos da revolução e foi afastado do governo e preso. Em 1957, publicou *A nova classe*, onde utilizava o termo *nomenklatura* para identificar a elite burocrática do partido. Escreveu ainda outras obras, como *Conversações com Stalin*, de 1962. [N.E.]

Hoje, diferentemente da época em que Aron escrevia, dispomos de notáveis conhecimentos factuais a mais. Por exemplo, podemos dar a esta última e capital questão ("qual é, para a coletividade, o preço e quais as vantagens?...") uma resposta documentada, fundamentada na experiência, agora que já assistimos à restauração, ocorrida de dez anos para cá em metade da Europa, dos sistemas "constitucionais-pluralistas" que sucederam aqueles regimes sobre os quais se concentrava a crítica de Djilas. E podemos, assim, realizar avaliações comparativas. "A Ucrânia" — observa Hobsbawm no ensaio citado no capítulo anterior[3] — "implantou uma forma de governo mais ou menos democrática, mas ao preço de perder dois terços do modesto produto interno bruto que registrava na época da União Soviética."

O caso da Ucrânia é apenas um exemplo de um desvio da condição humana muito mais geral e vasto, determinado pelo "retorno à democracia" que irrompeu simultaneamente de dez anos para cá. A desigualdade manifestou-se de forma selvagem em todo o Leste Europeu, lançando na miséria (ou, como expresso em um documento do Fundo Monetário Internacional, "na miséria abjeta") milhões e milhões de pessoas, de forma impressionante e às vezes trágica. À pergunta, pois, justíssima de Aron, relativa ao "preço" pago pela "coletividade" às respectivas oligarquias, a "liberal" e a "popular", só podemos responder que a restauração (ou instauração) dos regimes "democráticos" dirigidos por oligarquias "liberais" no Leste Europeu produziu efeitos muito mais graves do que uma guerra perdida. Esse preço foi a perda das garantias fundamentais de existência.

Mas esse é apenas o aspecto mais aparente da questão. É a evolução dos acontecimentos que nos permite estar "mais adiante" em relação a Aron para dar uma resposta às perguntas dele (resposta que, por outro lado, destrói o ponto de partida de seu raciocínio), e não uma profundidade analítica particular ou mais aguçada.

---

3. Cf. *supra*, p. 44, nota 2.

A questão de maior relevo, portanto, é outra. E pode ser assim formulada: por que, desprendida a "crosta" da estrutura socialista daquelas sociedades, *imediatamente* emergiram, como vindas de outro planeta, novas camadas de ricos e proprietários? Onde e *como* nasceu uma tal estratificação social tão rapidamente vinda à luz? Estratificação "invisível" no velho sistema, mas, ao que parece, irreprimível. É esse o principal fato histórico ao qual assistimos no final do século XX, mas sobre isso não dispomos de uma análise científica adequada.

Esse fato se manifestou de forma macroscópica na ex-União Soviética, e justo no caso da Rússia pós-soviética pareceu, com razão, especialmente desconcertante, já que ali a eliminação, mesmo física, das classes proprietárias do *ancien régime* constituiu um fenômeno sistemático e de longa duração, bem maior do que na muito mais breve e menos drástica experiência dos "países satélites". Não se tratou, portanto, de um *retorno* dos velhos proprietários, como se observou na Alemanha Oriental ou na Tchecoslováquia, mas de novas camadas nascidas *no interior do sistema*. Isso é prova de que Djilas teve, assim, uma intuição bem mais profunda do que Aron estivesse disposto a conceder-lhe, já que Djilas não falava do simples e óbvio posicionamento oligárquico dos governantes em relação aos governados, mas, justamente, da *formação de uma nova classe*. E é prova, além do mais, da verdadeira cesura histórica verificada ao final do stalinismo. As novas classes proprietárias, assim como as que têm aspiração ou potencial para sê-lo, cresceram no interior do sistema soviético, tirando proveito do espaço cada vez mais amplo concedido aos "incentivos" pessoais e à função gerencial-diretiva, ambos fomentados pelas reformas da época pós-stalinista.

O terreno de cultivo de uma sofisticada gama de posições privilegiadas era, obviamente, o próprio Partido (PCUS); por ser *único*, acabava por recolher e encerrar em si todas as diferentes forças e formações sociais que, no novo sistema pós-stalinista, vinham se diversificando (e que, em outro contexto político-estatal, seriam desarticuladas em diferentes partidos). Mas não basta a genérica noção de "privilégio" concedido aos altos estratos do partido para compreender o fenômeno do qual estamos tratando. Esse aspecto existiu, e era nele que o terror stalinista *sobre* o partido buscava, ou tentava, pôr freio. Freio que, afinal, foi removido entre os clamores do XX Congresso do PCUS, justamente por obra de uma parte da cúpula do partido.

Mas isso não é tudo. As reformas econômicas da era Kruschev, e as sucessivas convulsões, favoreceram o surgimento e o enraizamento do pessoal dirigente técnico-gerencial (os "senhores" dos gasodutos, os sátrapas das trocas de importação-exportação com o exterior, etc.). Bem cedo, eles já dispunham de todos os instrumentos para, no momento do colapso de Gorbachev, poderem se transformar *ipso facto* nos novos ricos. Que eles também descobrissem, no curso dos acontecimentos, a sua própria férrea fé liberal é apenas um detalhe. Um estrato capitalista pouco a pouco foi nascendo *por dentro* da "satrapização" da economia (que o termo não pareça excessivo) e nos nichos ofertados pela própria estrutura do partido, de um partido já então transformado, nos seus altos estratos, em *nomenklatura* privilegiada.

Esse fenômeno se desenvolveu no mesmo ritmo da penetração ideológica ocidental, de seus modelos de riqueza e seus valores, que abriram uma brecha principalmente na cabeça da elite soviética. O Ocidente conquistou a URSS por dentro, conquistou a mente e plasmou a mentalidade de seus estratos dirigentes, de seus técnicos e, a partir de um certo ponto, também dos políticos.

A interdependência (que já foi mencionada) portanto, é válida, e foi operante em ambas as direções. Enquanto o próprio fato da existência do modelo socialista, com suas fortes garantias sociais de massa, influenciava o Ocidente e obrigava as oligarquias liberais-proprietárias a "não impedir" — para repetir Aron — "o progresso da legislação social", na direção oposta, as oligarquias socialistas iam assimilando cada vez mais os estilos de vida, a mentalidade e, sobretudo, as necessidades (se assim as quisermos chamar) das oligarquias ocidentais, até abraçar os seus assim chamados "valores". Ao se tornarem socialmente privilegiados, os oligarcas do "socialismo" distanciavam-se, ao término, dos próprios pressupostos sobre os quais o seu sistema fora fundado. Céticos em relação à própria propaganda, acabaram por acreditar na alheia. Os Shevardnadze e os Tchernomyrdin[4] não aterrissaram de Marte: nasceram dentro da mutação do sistema social que eles mesmos dirigiam. E assumiram de pronto, inicialmente, a consciência e, depois, a função de oligarcas numa nova organização social paracapitalista que, pouco a pouco, crescera sob a cada vez mais esfacelada crosta socialista.

E já que esses novos e genuínos liberais-proprietários "encontraram" o capitalismo mundial, ao qual prontamente se associaram, na época da supremacia planetária do capital financeiro, intrínseco à macrocriminalidade da reciclagem, podemos compreender como, *desde o primeiro momento*, o lugar e o papel da grande criminalidade organizada tenha sido determinante na nova Rússia liberal e, por que não, democrática.

Uma última consideração deriva da análise feita até aqui. Ela pode ser representada sob o signo de uma pergunta que tem valor geral e não diz respeito apenas ao nosso passado mais recente. Durante quantas gerações pode durar a experiência "revolucionária"? Tanto os eventos franceses do final do século XVIII quanto os comunistas, que ocuparam grande parte do século XX, demonstram que, após a segunda geração, a experiência não se transmite Não queremos tirar daí uma lei geral, apenas constatamos um dado de evidência imediata. Em que pesem os "marxistas ortodoxos" (tribo de duvidoso prestígio científico, e muito escassamente pertinente ao pensamento de Marx), devemos observar que o fundamento das revoluções é, antes de tudo, a tensão moral. Sem desconsiderar, é

---

4. Eduard Shevardnadze foi ministro de Assuntos Exteriores da URSS (1985-90) e presidente da Geórgia (1995-2003). Viktor Tchernomyrdin foi primeiro-ministro da Rússia (1992-98). [N.T.]

óbvio, os pressupostos materiais, sem os quais nenhuma crise é detonada, entendo aqui por "fundamento" aquele *quid* da psicologia coletiva que efetivamente *desencadeia* a movimentação revolucionária, a qual jamais é inevitável, e que, para ser disparada, necessita da *convicção* quanto ao caráter insustentável da ordem existente e à convicta decisão de colocar tudo em discussão, da tranqüilidade de vida às certezas cotidianas. Esse "salto", prenhe de conseqüências extremas, jamais é realizado de forma leviana por alguém (exceto por revolucionários de opereta, que se exaltam sobretudo em seus discursos). Inúmeras vezes isso seria *possível*, mas raras, raríssimas vezes, *acontece de fato* — justamente por se tratar de uma escolha radical, que subverte todos os aspectos da vida, e por exigir um ímpeto e uma tensão moral muito acima da média, em geral propiciados por condições muitíssimo extremas, tais como uma guerra catastrófica (1917) ou a revelação imprevista de uma incrível debilidade do poder (1789). Porém a tensão moral que induz à opção extrema, e permite o enfrentamento de sacrifícios extraordinários, *não é transmitida* nem por via "genética" nem por via pedagógica. É simplesmente perdida. Pois a experiência pode ser, no máximo, relatada, mas não transmitida: ela é individual e única. Por isso as revoluções se extinguem e todas passam, mais cedo ou mais tarde, pelo seu "termidor". Quando se tenta, obstinadamente, conservar pela via pedagógica a sua vitalidade de geração em geração, bem cedo essa pedagogia é percebida como retórica e, então, refutada. Esse é o mecanismo que vimos se desenvolver no curso da longa e atormentada experiência soviética.

Até a revolução mexicana, um dos grandes eventos do início do século XX no hemisfério ocidental, assistiu a esse gênero de evolução. E o partido "revolucionário" (a denominação genérica é sintomática) que foi o seu artífice atualmente nada mais é do que um tranqüilo e corrupto *lobby* de poder. Essa involução não aconteceu em Cuba, sobretudo por causa da constante ameaça norte-americana — ameaça que restitui cotidianamente uma forte razão, e de evidência imediata para todos os interessados, para manter e reproduzir de forma constante aquela tensão moral sem a qual todas as revoluções se extinguem pontualmente. É a perseguição externa, pleiteando reconduzir a ilha à servidão mais ou menos dourada de "bordel do império", que mantém alta a tensão de um povo que não dobra a espinha, nem mesmo após a traição por parte da Rússia "democrática". Mas não será fácil proceder assim *sine die*, agora que na chefia do império, graças ao golpe de Estado eleitoral de novembro de 2000, encontra-se Bush II.

8
O sistema misto: os "corretivos" da democracia

Um dos aspectos do esforço que tem como fim impedir a validade *erga omnes* da democracia representativa é a cada vez mais sofisticada pesquisa de leis eleitorais de tipo majoritário. Estas tendem, segundo os seus promotores, a "racionalizar" (segundo outros, a restringir) a expressão da "vontade popular", evitando que ela se exercite em estado puro, limitando a série de opções.

O eleitor é coagido — o verbo pode parecer rude, mas é esse o resultado — a escolher, se quiser exprimir um voto "útil", não indiscriminadamente, mas entre *aquelas* opções *determinadas*. E, já que as opções "úteis" convergem para o centro — cuja conquista é, nos países ricos, a verdadeira aposta do jogo eleitoral —, a tendência é que os eleitos sejam, em larga medida, expressão das orientações moderadas; e que, dado o *custo* da eleição, pertençam, em sua maioria, às camadas médio-altas, tradicionalmente moderadas. Assim se determina, desde o início, por outro caminho, o fenômeno característico da época em que vigorava o sufrágio restrito: a marginalização das camadas menos "competitivas" e o drástico redimensionamento de sua representatividade.

Por outro lado, o sistema do sufrágio restrito, com a variante do voto "plural", é o instrumento canônico para realizar o "sistema misto": um pouco de democracia, muito de oligarquia. Isso combina o *princípio* eleitoral (instância democrática) com a *realidade*, oportunamente garantida, do predomínio das camadas médio-altas. Os sistemas majoritários alcançam, de forma mais tortuosa, o mesmo resultado.

Como corolário, podemos observar que, na época de sua luta contra o comunismo, o Ocidente exibiu, principalmente nas terras limítrofes, a fácies mais integralmente "democrática". A "lorota" propagandista principal era, então, a contraposição democracia-ditadura. Considerava-se que a democracia deveria parecer apetecível também às faixas do eleitorado atraídas pela perspectiva comunista, enquanto fosse integralmente tal e sem limitações. (Ao falar do mecanismo eleitoral, usamos "democracia" no sentido banal-esquemático corrente no léxico político daquelas décadas). O caso inglês era então apresentado como completamente à parte, por causa do perfeito (assim se afirmava) bipartidarismo vigente (e de tal forma que justificava a adoção de um sistema eleitoral majoritário); mas ignorava-se, por amor à tese, a constante invalidação, devida justamente a esse sistema eleitoral, da "terceira força" liberal, embora presente na Grã-Bretanha, mas quase desprovida de representação eletiva.

O descrédito e a queda, em 1953, na Itália, do esforço majoritário foi (também) fruto da idéia, difundida e vitoriosa na opinião pública, de que o princípio "um homem/um voto" (= sistema proporcional) era identificado *tout court* com o modelo democrático. Aqueles que então haviam tentado a aventura majoritária eram os mesmos que contribuíram, na constante polêmica contra as "ditaduras" comunistas, para exaltar e divulgar a interpretação rigidamente eleitoral (e, pois, proporcionalista) da democracia, que naquela ocasião voltou-se contra eles. O caráter limitativo dos sistemas majoritários deveria ter sido notado. E mesmo drásticos empecilhos no âmbito dos sistemas proporcionais surgiam enquanto instrumentais redescobertos, com o objetivo, por exemplo, de excluir os comunistas (depois inclusive considerados fora-da-lei) pelo parlamento federal alemão.

Finalizado, na Europa, o conflito entre modelos, rapidamente caíram os obstáculos. E como o sistema proporcional "puro" dá voz e representatividade às minorias, até às socialmente inquietas (e por isso é considerado um fator de instabilidade não só política como social), logo foram tomadas providências para reparar, agora sem o medo de contragolpes propagandistas, tal "defeito".

Por outro lado, a prolongada instabilidade também havia criado saturação em países como a Itália. Isso favoreceu a realização do evento talvez mais crucial da história parlamentar italiana dos últimos anos: a vitória esmagadora, e quem sabe até que ponto irreparável, do princípio majoritário (no referendo de 1993).

Foram restaurados os mecanismos restritivos com o objetivo de "corrigir os efeitos" do sufrágio universal, porque nas sociedades "avançadas" (e a Itália dos anos 90 já o era, então) as camadas moderadas, embora politicamente divididas em várias formações, são, como na cidade "ideal" de Aristóteles, a maioria. Deve ser sempre clara essa relação de forças *in rebus ipsis**, no momento em que se analisam as modificações das formas constitucionais. Estamos nos aproximando de forma lenta, mesmo que seja num cenário muito mais vasto, do *exemplum fictum*** de Aristóteles, daquela cidade de 1.300 cidadãos, dos quais cerca de mil são "possuidores"; como se sabe, o seu predomínio numérico e político não pode, segundo Aristóteles, ser definido como "democracia".

O sistema misto retorna, pois, definitivamente ao auge no Ocidente (nos países dominantes). Mais do que a limitação explícita aos direitos alheios, que ocorre em um sistema misto de tipo clássico (sufrágio restrito), prefere-se a limitação indireta (leis eleitorais majoritárias, política restritiva no que diz respeito ao título eleitoral nos EUA). Essa maior *souplesse* é explicada por várias razões: o princípio democrático ("um homem/um voto") não parece mais passível de ser arquivado diretamente; além do mais, parece ser

---

* "Nas próprias coisas." [N.E.]
** "Exemplo fictício." [N.E.]

preferível uma situação na qual mesmo quem é privado do próprio peso político seja levado a pensar — decerto contra os próprios interesses — que a "governabilidade" é um valor para todos (se bem que esta, de fato, consista na gestão mais ágil do poder por parte das camadas mais fortes).

Por outro lado, uma tal *souplesse*, ou mesmo "elegância" de comportamentos, é possível, pois, de qualquer modo, nesse meio tempo, os poderes decisivos foram subtraídos ao predomínio dos órgãos eletivos (parlamentos) e são exercidos pelo "plebiscito dos mercados", não por aquele dos votos[1].

Em suma, no atual funcionamento das "democracias" parlamentares, o sistema misto se afirma em dois planos: como limitação da eficácia efetiva dos organismos eletivos (que acabam por assumir uma função periférica ou de ratificação em relação aos poderes de tipo oligárquico, sobretudo no campo da economia e das finanças) e como retoque técnico (leis eleitorais majoritárias; de fato, teme-se que o proporcionalismo puro bloqueie o mecanismo).

Se passarmos agora a observar uma realidade que ocupou grande parte da história do século XX, a experiência soviética, podemos constatar que a história da URSS também constitui um caso instrutivo no que se refere aos desequilíbrios da harmonia entre os três princípios (monárquico, oligárquico, democrático), que o "sistema misto" pretende harmonizar. No período stalinista houve um predomínio evidente do princípio monárquico, vivido sob a forma de uma "conjunção carismática" e "direta" com o "povo", como nas monarquias absolutas (o "povo" está com o rei contra a Fronda), e em evidente supremacia "opressiva" nos confrontos das oligarquias, inclusive a oligarquia de partido. No período sucessivo, ocorre uma insurreição das oligarquias sobreviventes e canalizadas para a única "legítima", ou seja, a oligarquia de partido — que

---

1. Cf. *supra*, p. 37.

celebra o seu triunfo no XX Congresso do PCUS e no crescimento do peso das cúpulas militares, também submetidas ao Terror na época precedente.

A evolução do poder oligárquico na Rússia, do XX Congresso até Gorbachev, é por assim dizer, típica. A oligarquia "de partido" (que incluía dentro de si, como já vimos[2], as várias oligarquias possíveis: cientistas acadêmicos, cúpulas militares, aparato industrial, etc.), de crise em crise, aos poucos, compreendeu que para perdurar pode ser útil a prática parlamentar multipartidária. Isso ajuda a entender a camaleônica e imediata ("imediata" = destituída de mediações ou de transpasses mentais) conversão da ex-oligarquia de partido à "democracia" de Ieltsin. Aprenderam a lição resultante da experiência das oligarquias rivais do Ocidente, cujo "segredo para perdurar" é a capacidade de criar ao redor de si o consenso por intermédio do ritual eleitoral-parlamentar (se for o caso, oportunamente retocado). Todo o ex-"mundo socialista" assistiu ao desenvolvimento de uma transformação deste gênero.

Voltemos ao Ocidente. A constatação realista que geralmente se faz — o fato de ser quase idêntica a política dos governos que se alternam e das facções parlamentares que se contrapõem nos países ocidentais — é a mais eficaz demonstração da predominância dos fatores "extra"-parlamentares (oligarquias econômicas) sobre os argumentos e sobre os protagonistas político-parlamentares. Podemos pensar na desestruturação do "Estado social", considerada atualmente como um problema prioritário na Itália, tanto pela centro-direita quanto pela centro-esquerda — agora que, com o término da rivalidade "de sistema" em relação ao Leste "socialista real", o "Estado social" aparece como um peso obstrutivo e insustentável.

---

2. Cf. *supra*, p. 52.

Poderíamos arriscar uma hipótese (baseada numa amostragem, no final das contas, bastante ampla): só quando oscila em direção ao princípio monárquico (Cromwell, Robespierre, Stalin), com o claro prejuízo das oligarquias, inclusive aquelas de partido, a experiência revolucionária cria uma situação, de resto instável, de igualitarismo social coagido, de insegurança para todas as classes e de risco essencialmente para os privilégios das oligarquias. Estas, porém, no final prevalecem (pelo menos até agora foi o que ocorreu) porque têm mais competências, mais força, mais consciência dos próprios interesses, etc., e possuem mais privilégios para defender. Ou então apenas por constituírem minorias organizadas.[3]

Por conseguinte, justamente as oligarquias formam o eixo dos regimes mais duradouros — sobretudo se são abertas, capazes de cooptar os elementos em crescimento de outras classes. Se a seleção e a conseqüente cooptação forem baseadas numa forte comunhão de interesses (mais comum no Ocidente) e não em bases ideológicas (modelo *nomenklatura* soviética), o processo será mais eficaz e duradouro. Mas, mesmo no que diz respeito à experiência de setenta anos da URSS, talvez não seja sensato rotular suas várias fases sob uma única característica — mesmo ali se alternaram diferentes modos, no tempo, de cooptação na oligarquia dirigente.

A vantagem da proposta de interpretação aqui delineada leva em consideração as dinâmicas de sistemas muito diferentes entre si, para além da auto-representação, cara a ambos. O erro de cálculo dos ideólogos soviéticos, na época da contraposição de sistema com o Ocidente, resumiu-se em acreditar que era suficiente "desmascarar" o caráter oligárquico da "democracia ocidental" — desmascaramento que já tinha sido exercitado pelo pensamento elitista no final do século XIX e início do século XX, e também durante a Primeira Guerra Mundial, a cargo da elite pensante da época "guilhermina". Não era o bastante. Todos subestimaram (e da parte

---

3. Cf. *infra*, cap. 9.

da elite soviética o erro parece ainda mais grosseiro) o fato de que a boa manutenção do modelo ocidental dependia da capacidade de combinar a substância oligárquica com a construção do consenso em torno do predomínio oligárquico — provavelmente passando com desenvoltura da "democracia" ao fascismo e do fascismo à "democracia". Eis aqui uma das evidências mais instrutivas da vitalidade das oligarquias ocidentais.

9
Antonio Gramsci, elitista integral

A crítica da "democracia" ocidental desenvolvida pelo pensamento elitista e conservador do final do século XIX realizou, em sua época, um bom trabalho no plano analítico. O intérprete mais original desse período intelectual foi Antonio Gramsci. Não me refiro genericamente ao conjunto do *corpus* gramsciano, no qual se manifesta, de qualquer modo, a lição dos grandes críticos "ademocráticos" (como assim definiu Gaetano Mosca), e sim principalmente aquele importante estudo, incluído no *Quaderno 13*[1], denominado "O número e a qualidade nos regimes representativos", que é talvez a mais completa reflexão de Gramsci sobre o assunto. O fio condutor daquelas páginas é a clara distinção entre a crítica oligárquica e a crítica elitista do parlamentarismo (dos "regimes representativos" fundados no "número"). A crítica oligárquica é ingênua, apesar de sua aparente sagacidade: crê realmente que os regimes parlamentares se baseiam no predomínio da maioria, do "número", e se dedica à antiga e reiterada denúncia sobre a *cegueira* do critério numérico. "Um dos lugares-comuns mais banais", escreve Gramsci, "que são repetidos contra o sistema eletivo [...] é que o número representa em si uma lei suprema."[2] E ele contrapõe: "O fato é que não é absolutamente verdade que o número seja uma 'lei suprema', nem que o peso da opinião de cada eleitor seja exatamente igual."

---
1. Gramsci, *Quaderni*, op. cit., pp. 1624-26.
2. Ibidem, p. 1624.

Fortalecido pela análise elitista acerca da formação do consenso eleitoral, Gramsci prossegue observando que "os números, mesmo nesse caso, são um simples valor instrumental, que dá uma medida e uma relação". E acrescenta: "Mede-se justamente a eficácia e a capacidade de expansão e de persuasão das opiniões de poucos, das minorias ativas, das elites, das vanguardas, etc." Para Gramsci, também aqui em plena sintonia com a análise elitista, "as idéias e as opiniões não nascem espontaneamente no cérebro de cada indivíduo: tiveram um centro de formação, de irradiação, de difusão, de persuasão [...]. A numeração dos votos é a manifestação terminal" — assim Gramsci se exprime com felicidade — "de um longo processo, no qual a influência máxima pertence" justamente aos centros "de irradiação" mais fortes, às elites decisivas. Daí comenta: "Se esse grupo de optimates, apesar das forças materiais ilimitadas que possuir, não dispõe do consenso da maioria deverá ser julgado inepto!"[3]

A crítica "banal", como Gramsci a define, que se indigna porque no regime parlamentar os desiguais contariam todos da mesma forma, apesar de seu diferente valor pessoal, deve, pois, ser considerada infundada. É a crítica "de origem oligárquica". A análise elitista está posicionada no extremo oposto, e Gramsci institui entre ambas uma verdadeira polaridade. A crítica elitista é aquela capaz de compreender como as "maiorias" formadas nos "regimes representativos" são, precisamente, o fruto da capacidade de influência (de "irradiação", para repetir a expressão usada por Gramsci), da capacidade, diremos, de *criar* o consenso. O elitista percebe o que o oligarca não vê: que o triunfo do número, na "democracia", é só aparente.

Gramsci está de tal forma convencido da exatidão da interpretação elitista do mecanismo consenso-representatividade, a ponto de avançar ainda além, no estudo que estamos examinando, até propor uma interpretação em termos de elites inclusive para a realidade soviética, sua contemporânea. O ponto de partida é, porém, sempre

---

3. Ibidem, p. 1625.

o da banalidade da crítica oligárquica. As "afirmações banais", características de tal crítica ao "regime parlamentarista", foram "dirigidas", observa, "a cada sistema representativo, mesmo os não parlamentaristas, e não moldados segundo os cânones da democracia formal". Que ele esteja pensando não no fascismo e sim no sistema soviético é evidente após a descrição sucessiva dos traços característicos desse regime "não parlamentarista" ao qual estava se referindo.

Por que, então, afirma que a crítica oligárquica "banal" comete um erro crasso ao reprovar a supremacia do número *mesmo naqueles regimes*? Porque, objeta ele, "nesses outros regimes o consenso não tem uma fase terminal no momento do voto, muito pelo contrário". De fato, "nesses regimes", prossegue, "supõe-se que o consenso esteja permanentemente ativo, até o ponto em que os 'consencientes' pudessem ser considerados como 'funcionários' do Estado, e as eleições, uma forma de alistamento voluntário de funcionários estatais de um certo tipo". Portanto, não se trata de elites sustentadas em sua força social, mas minorias ativas que tendem a transformar, por meio de eleições *sui generis*, fundamentadas em "programas de trabalho imediato", os "cidadãos amorfos" em "elementos produtivos qualificados".

Embora Gramsci tenha proposto dedicar-se ao desenvolvimento mais amplo do tema, isso infelizmente não se concretizou. Podemos deduzi-lo de sua consideração final: "Essas observações poderiam ser desenvolvidas de forma mais ampla e orgânica, colocando também em relevo outras diferenças entre os diversos tipos de sistemas eletivos"; diferenças a serem relacionadas, conclui ele, às transformações das "relações gerais sociais e políticas". Por outro lado, o estudo oferecido é já articulado e denso. O balanço que podemos obter dele é bastante enriquecedor.

A interpretação do complexo fenômeno do parlamentarismo moderno, que Gramsci oferece aqui, fundamenta-se *radicitus** na centralidade das elites e em seu papel determinante. Uma vez acertado

---

* "Desde a raiz", "radicalmente", "completamente". [N.T.]

que o consenso, e conseqüentemente a *maioria*, é efeito de sua força e de sua capacidade, a banal indignação oligárquica desaparece, deixa a cena, substituída, porém, pelo "desmascaramento" da auto-representação da democracia. Obviamente, não há em Gramsci nenhuma condescendência ao constatar a verdadeira natureza da aparência democrática; ele enfatiza que o sucesso dessas elites decisivas é determinado pelas "forças materiais ilimitadas" que elas têm à disposição. Daí a avaliação positiva de um elitismo diverso, aquele que Gramsci vê manifestar-se na realidade política soviética. Aqui, igualmente, o poder pertence às elites dominantes, mas estas não são elites por colherem os frutos de uma maior força social ou econômica, e sim porque são investidas de um encargo pedagógico-político. No Estado soviético, de fato, "supõe-se que o consenso esteja permanentemente ativo" (expressão muito significativa!), e as eleições servem, quando muito, para "alistar funcionários" — "funcionários" é uma expressão metafórica (Aristóteles também, na *Política*, afirmava que no sistema político ateniense a cidadania já constituía uma forma *sui generis* de magistratura). As eleições, no sistema soviético, têm como objetivo incrementar o consenso "não a partir de programas genéricos e vagos, mas de trabalho concreto e imediato", e por essa razão, "quem consente compromete-se a fazer algo a mais do que o cidadão legal comum". Nessas formulações, muito nítidas e esclarecedoras, deparamo-nos tanto com a adesão ao regime "não parlamentarista e não moldado segundo os cânones da democracia formal" (ou seja, o sistema soviético), como também com o mais minucioso distanciamento do "sistema representativo parlamentarista". O parlamentarismo é visto como uma experiência enfim concluída; para compreendê-la plenamente, o diagnóstico elitista resultou precioso. Outras experiências estão sendo realizadas, nas quais outras elites estão criando novas formas de construção do consenso.

Na base dessa aguçada interpretação da realidade concreta da "democracia parlamentar", encontra-se a lição dos mestres do elitismo. O *Elementos de ciência política*, de Gaetano Mosca, foi publicado pela primeira vez em 1896. O memorável capítulo II, intitulado "A classe política", parece várias vezes ecoar nas palavras de Gramsci. Como por exemplo no trecho em que Mosca prevê, após uma eventual revolução social bem sucedida, o nascimento "no seio das próprias massas [de] uma outra minoria organizada", que assume a função de classe política dominante. Ou no trecho pouco adiante, no mesmo capítulo, em que ele insiste em contrariar o senso comum, para o qual é penoso admitir "que as minorias comandam as maiorias". E explica que, como em outras ciências, também nas ciências sociais "a primeira aparência das coisas é contrária à sua realidade". "A força de qualquer minoria é irresistível diante de cada indivíduo da maioria." A conclusão a que Mosca, com rigor conseqüente, chega é a de que a democracia, entendida como governo *efetivo* da maioria, é algo intrinsecamente ilógico e irrealizável. Por sua vez, Gramsci, por ter chegado à mesma conclusão, examinou a alternativa dos sistemas "representativos não parlamentaristas", nos quais a desigualdade de peso político dos cidadãos é resultado do seu diferente compromisso acerca dos objetivos defendidos e perseguidos pela elite (política, não econômica) dominante.

10

O papa e o professor

Após este percurso, que nos levou bastante longe, mas que nos permitiu avançar no delineamento do predomínio das elites no âmbito dos mais diversos sistemas políticos, voltamos ao atual modelo ocidental-parlamentar, e à sua singular pretensão de ser definido como "democracia". Termo que, todavia, deveria a rigor indicar um sistema político direcionado em sentido oposto, no que diz respeito ao predomínio das elites.

No passado, as elites dominantes dedicavam-se a exercer seu domínio por meio das instituições representativas: em primeiro lugar, pelo parlamento. Contemporaneamente à difusão do sufrágio universal, porém, verificaram-se dois fenômenos: de um lado, o nascimento dos partidos moderados de massa (importantes para a manutenção dos equilíbrios sociais mesmo na presença do tão longamente negado sufrágio universal); de outro, o deslocamento progressivo dos locais de decisão para fora dos parlamentos. Este segundo processo tem uma longa história, e, decerto, nas décadas mais próximas de nós, tem celebrado os seus triunfos. As decisões cruciais sobre a política econômica provêm dos organismos técnicos e do poder financeiro, enquanto os parlamentares debatem a "fecundação assistida"...

Naturalmente a *competência* dos grandes banqueiros é indiscutível. É possível até que eles se imaginem como a moderna encarnação dos reis-filósofos platônicos. Permanece o fato de que a progressiva e irreversível *translatio imperii** rumo a sedes não eletivas, mas técnicas, é um fenômeno tão central que não pode ser ocultado por detrás da retórica da clara universalidade do mecanismo eletivo-representativo.

O sistema misto, que durante séculos constituiu o único modo de ser da "democracia representativa", voltou fortemente a se afirmar e presume-se que por uma longa fase histórica. Os princípios "avançados", afirmados nas constituições escritas após o fim dos fascismos ("remover os obstáculos" que impedem a igualdade de fato, etc.), perderam sua intensidade; qualquer dia desses poderão até mesmo ser formalmente apagados das cartas constitucionais.

Duas vozes, distantes entre si, mas ambas significativas, em tempos muito próximos a nós, levantaram-se para afirmar abertamente o fim do predomínio do princípio democrático.

O papa João Paulo II, que se tornou protagonista ativo de mudanças radicais no planeta, relembrou, num discurso de saudação aos bispos austríacos (20 de novembro de 1998) o caráter histórico, e portanto transitório da "moda" (ele disse da "sensibilidade") democrática: "*Da die Regierungsform, die mit dem heutigen Empfindungsvermögen am meisten im Einklang steht, die Demokratie ist, wurden unter manchen Gläubigen Rufe nach einer Demokratisierung der Kirche laut etc.*" (§ 11).[1] É importante o contexto em que surge essa formulação redimensionadora: o contexto no qual Wojtila, dissertando sobre a expressão bíblica "povo de Deus" (*Volk Gottes*, λαὸς τοῦ θεοῦ) rejeita o pedido, insinuado por seus interlocutores austríacos, de introduzir o princípio democrático no interior da Igreja Católica e em sua hierarquia. Recusa-o por várias razões (inclusive por uma sutil distinção entre λαός e δῆμος), e *também* pelo

---

* "Transferência de poder." [N.E.]

1. *L'Osservatore romano*, 21 de novembro de 1998, p. 4: "E visto que a forma de regime mais consoante com a atual sensibilidade é a democracia, propagou-se entre alguns fiéis a exigência de uma democratização da Igreja, etc."

caráter intrinsecamente transitório da "sensibilidade democrática". De resto, no parágrafo 89 da *Fides et ratio*, reafirma a inadmissibilidade de uma aplicação difusa do princípio democrático:

> ... manifestou-se afirmando uma concepção da democracia que não leva em consideração a referência a fundamentos de ordem axiológica e, portanto, imutáveis: a admissibilidade ou não de um determinado comportamento é decidido na base do voto da maioria parlamentar.

Uma atitude mental ilustrada no parágrafo citado apresenta certa afinidade com a concepção e a prática extraparlamentar do grande poder financeiro supranacional: também os banqueiros-filósofos que determinam as escolhas cruciais para o planeta jamais aceitariam submeter tais escolhas a maiorias parlamentares aleatórias e muito menos a imprevisíveis sentenças plebiscitárias.

O outro documento recente ao qual me referi vem da ciência política anglo-saxônica: o prefácio da *lectio doctoralis* pronunciada em 17 de dezembro de 1998 por Neil MacCormick em uma prestigiosa universidade italiana (Faculdade Jurídica de Macerata). O tema central dessa lição é o caráter de "Constituição mista", típico das atuais normas européias. Tal caráter — que, segundo MacCormick, está enraizado no predomínio de longa duração da Constituição mista — poderia ser criticado por alguns por comportar um *déficit democrático*. MacCormick contrapõe:

> Se interpretarmos a crítica ao déficit democrático como uma afirmação de que a União atual não é, de modo algum, democrática, e que esse estado de coisas será totalmente insatisfatório até o momento em que prevalecer na Europa uma forma democrática de governo, teremos esquecido a lição do passado, segundo a qual a democracia e as suas virtudes características contribuem para o bom andamento de cada República bem regulamentada, mas não podem constituir a essência e o fim de tudo.

MacCormik está convencido da necessidade de limitar o princípio democrático, e percebe tal limitação levada a efeito nas atuais ordens européias-comunitárias. Como compensação, defende um conceito de "subsidiariedade" bastante vago, que consiste na incrementação de

> uma gama rica e diversificada de instituições pertencentes tanto à sociedade civil quanto ao Estado, dentro das quais a auto-realização individual possa ser estimulada e desenvolvida, seja como fim em si, seja como condição para conseguir de modo satisfatório os outros bens em direção aos quais as comunidades locais e/ou privadas e as associações possam ser encaminhadas.

A ênfase é assim desviada mais para a "discussão" do que para a "deliberação".

A cada grupo de interesses de uma certa dimensão, cujos membros possuam o direito de voto, é garantida uma certa atenção, e o valor expressivo da defesa de uma posição qualquer pode ser considerável. Mas o direito-chave consiste, sobretudo, na participação ao debate público.[2]

Nesse gigantesco e harmonioso *talk show*, de sabor panglossiano[3], parece não existir lugar para a desmesurada infelicidade da condição humana reinante em grande parte do mundo. A ciência política, auto-satisfeita quanto ao "sistema misto", encontra-se cega diante da realidade efetiva do planeta. É autotélica, procede dos acolchoados escritórios técnicos das instituições comunitárias, e além dessa sebe não consegue imaginar o infinito.

---

2. Tomei conhecimento dessa *lectio doctoralis* pelo professor Domenico Mugnolo, a quem agradeço aqui.
3. Relativo ao Doutor Pangloss, otimista incorrigível, personagem de *Cândido*, romance satírico de Voltaire. [N.T.]

11

Por uma crítica da retórica democrática

Todos se lembram da massa imponente de imagens e números assustadores que os jornais e TVs do mundo "civilizado" despejaram sobre nós entre 16 de março e o início de junho de 1999, documentando não só uma espécie de *Völkerwanderung*[1] do Kosovo, mas principalmente o massacre (chamado de "holocausto", com a oposição de alguns poucos) da população daquela província por parte das milícias sérvias. Assim foi construído *post eventum* o consenso em relação a uma guerra executada antes mesmo que os parlamentos fossem nomeados e que, ainda nos primeiros dias do conflito, foi considerada — a julgar pelas pesquisas publicadas todos os dias — uma agressão arbitrária pela grande maioria dos interpelados. Tais números e tais imagens fizeram um excelente trabalho do ponto de vista de quem as tinha encomendado. Diante deles, eis uma seleção de dados reais, recolhidos vários meses depois, nos cantos e nas páginas internas, quase invisíveis, da "informação":

a) 2 de julho de 1999, *USA Today*: "Em vez de 100 mil albaneses mortos pelas milícias sérvias, atualmente fontes oficiais americanas estimam que cerca de 10 mil foram efetivamente mortos."

b) Em 11 de novembro de 1999, *L'Espresso* publica, na página 174 (notícia de 28 linhas), uma declaração de Pujol[2], consultado

---

1. Em alemão no original: "migração de povos". [N.T.]
2. Emilio Pérez Pujol, patologista, chefe da equipe espanhola de médicos legistas, no Kosovo, na época. [N.E.]

na qualidade de "especialista" do Tribunal de Haia: "Os albaneses sepultados nas fossas comuns do Kosovo durante o conflito da última primavera são cerca de 2.500."

c) Em 7 de janeiro de 2000, *Corriere della Sera* (p. 9) informou que os trabalhos de escavação haviam terminado no último mês de dezembro. No total, havia 2.108 cadáveres, *nem todos necessariamente albaneses*. O jornal também publica a declaração do médico espanhol Juan Lopez Palafox, que comandou a macabra operação. Ele reconheceu, entre outras coisas, que havia sido avisado para se preparar para cerca de dez mil autópsias...

Não faltam algumas pitadas de sabedoria póstuma.

No *Corriere della Sera* de 5 de novembro de 1999, o artigo de fundo (assinado por um equilibrado comentarista de política européia, F. Venturini) afirmava: "Não é tempo de ilusões. A *Realpolitik* não é uma descoberta recente, e *quem rasga o véu da hipocrisia compreende muito bem por que se faz intervenção no Kosovo e não em Ruanda.*"

Poucos dias depois (*Figaro*, 18 de dezembro de 1999) uma intelectual e acadêmica francesa, que em seu tempo havia realizado estudos sérios e importantes relativos à natureza do poder na URSS[3], esforçou-se para explicar, com argumentos mais adequados a Vladimir Putin, por que a intervenção russa na Tchetchênia é *indispensável*: "O elemento desencadeador da guerra" — diz Carrère d'Encausse — "é a tentativa de Chamil Bassaiev de expandir sua autoridade e seus métodos, além de seu propósito explicitamente declarado de instaurar uma República islâmica que vai do Volga ao Don." E um pouco adiante: "Quem pode atrever-se a afirmar que a *luta contra* um terrorismo, que ninguém mais nega como tal, e contra um projeto de desintegração da Rússia seja uma manifestação de loucura?" São argumentos certamente dignos de reflexão — a defesa

---
3. H. Carrère d'Encausse, *L'empire éclaté*, Paris: Flammarion, 1990.

oficial de Ieltsin aguça o raciocínio —, mas que, como qualquer um pode ver, também se adaptam de modo admirável à situação do Kosovo (e do UCK[4]) em relação à federação iugoslava, assim como à atual crise macedônica. No entanto, é óbvio que ninguém espera que a autora empregue a mesma lucidez no caso do Kosovo, no qual a retórica e a má-fé impuseram-se à consciência pública de forma distorcida e com resultados de desinformação devastadores de longa duração.

Seria proveitoso concentrar-se previamente no notório fenômeno da onipotência dos instrumentos de informação, pois esse fator — exatamente a "informação" — *está incluído, para todos os efeitos, entre os pilares estruturais da "democracia real"* (e não só dela); e, historicamente, o desvelar das formas de ser desse mecanismo tem sido parte não secundária da *crítica* da democracia parlamentar e de sua auto-representação.

É também por causa desse aspecto particular que devemos retornar à crítica da democracia real, várias vezes rememorada, que amadureceu no fim do século XIX e desenvolveu-se de forma cada vez mais penetrante nas duas primeiras décadas do século XX, atingindo um ponto muito elevado nos anos da Primeira Guerra Mundial, no decorrer da denominada "guerra dos espíritos" (*Krieg der Geister*). Não irei reconsiderar detalhadamente as análises desenvolvidas e os resultados alcançados pela corrente de pensamento, chamada um tanto erroneamente, de "elitista" (que, em vez de *defender*, *constata* o predomínio das elites); no lugar disso, limitar-me-ei a relembrar o grande espaço que os ensaios alemães, historiográficos e de ciência política, destinaram ao desmascaramento do efetivo funcionamento da *westliche Demokratie*[5], sobretudo no triênio 1916-1918. Acrescentarei também que uma parte não muito pequena dessa campanha

---

4. Exército de Libertação do Kosovo. [N.T.]
5. Em alemão no original: "Democracia Ocidental". [N.T.]

foi obra de figuras eminentes da *Altertumswissenschaft*[6], talvez por seu conhecimento direto e duradouro de uma civilização literária — a grega — e de um pensamento filosófico — o platônico e o aristotélico, melhor dizendo, de matriz socrática — que fizeram da crítica à democracia um dos epicentros do seu próprio interesse. Refiro-me ao importante ensaio de Eduard Meyer, *Der Staat, sein Wesen und seine Organisation*[7] (Sttutgart: Klett Cotta, 1916), e também a *Volk und Heer in den Staaten des Altertums*[8] (Pasqua, 1918), de Wilamowitz, ou seja, à publicística desse último nos meses finais da guerra; entre os fatores apontados enquanto detentores do poder real nos bastidores das assim chamadas "sociedades democráticas" (ou democracias ocidentais), em todos esses escritos domina, desempenhando um papel não negligenciável, aquela que era então denominada "a grande imprensa".

Afirmarei também que, naqueles anos da guerra, a crítica se tornou mais amarga e mordaz, em uma reação especular à representação caricatural — e indigna — da realidade político-constitucional do mundo alemão, encenada pela máquina propagandística ocidental.

Nas décadas anteriores, o estilo da corrente considerada "elitista" certamente era penetrante e até mesmo dessacralizante, porém mais pacato. Pelo menos em alguns representantes mais ilustres. Citarei um trecho de *"A classe política"*[9], de Mosca (1896), e depois a conclusão de sua bela resenha (1912) à *Sociologia dos partidos políticos*, de Michels[10]. Este último é um texto que não deixa de tentar se abrir rumo a uma consideração positiva do fenômeno democrático na qualidade de impulso, de qualquer modo, do movimento histórico.

---

6. Em alemão no original: "Estudiosos da Antigüidade Clássica". [N.T.]

7. "O Estado, sua natureza e sua organização." [N.T.]

8. "O povo e o exército nos Estados da Antigüidade." [N.T.]

9. G. Mosca, "A classe dirigente", in: Amaury de Souza (Org.), *Sociologia política*, Rio de Janeiro: Zahar, 1966.

10. R. Michels (1876-1936), *Sociologia dos partidos políticos*, Brasília: Editora da UnB, 1982.

Eis os dois textos:

a) "De Políbio a Montesquieu, muitos autores aperfeiçoaram a classificação aristotélica, desenvolvendo-a na teoria dos 'governos mistos'. Mais tarde, a corrente democrática moderna, iniciada por Rousseau, baseou-se no conceito de que a maioria dos cidadãos de um Estado pode, ou melhor, deve, participar da vida política; e a doutrina da soberania popular, apesar de a ciência moderna tornar cada vez mais evidente a coexistência, em todos os organismos políticos, dos princípios democrático, monárquico e aristocrático, impõe-se ainda a inúmeras mentes. Não a contestaremos diretamente aqui, uma vez que dedicamos o conjunto de nossa obra a esse propósito, e porque é bastante difícil, em poucas páginas, destruir todo um sistema de idéias que se enraizaram em uma mente humana, pois, como bem escreveu Las Casas, na vida de Cristóvão Colombo, o *desaprender* é, em muitos casos, mais difícil que o *aprender*.

"Desde agora, acreditamos ser útil responder a uma objeção que muito facilmente pode ser feita quanto ao nosso ponto de vista. Embora seja fácil compreender que apenas um não possa comandar uma massa sem que haja uma minoria que o sustente, é bem mais difícil admitir como um fato constante e natural de que as minorias comandam as maiorias, e não o contrário. Entretanto, esse é um dos pontos, como outros tantos encontrados em todas as outras ciências, em que a primeira aparência das coisas é oposta à sua realidade. No fato, é inevitável o predomínio de uma minoria organizada, que obedece a um único impulso, sobre a maioria desorganizada. A força de qualquer minoria é irresistível diante de cada indivíduo da maioria, o qual se encontra sozinho perante a totalidade da minoria organizada; e, ao mesmo tempo, pode-se dizer que esta é organizada justamente por ser minoria."

b) "Atualmente, inúmeros e importantes são os argumentos que a nova escola, que nega a realidade da democracia, deve ainda aprofundar se ela realmente quiser modificar a atual visão do mundo político, se quiser substituir as suas concepções pelas ainda em vigor nas diversas formas de governo. De fato, é necessário elucidar plenamente a grande variedade de atitudes, virtudes e vícios por meio dos quais as classes políticas se distinguem nos diversos países e nos diferentes períodos históricos, e as vantagens e os prejuízos que resultam do fato de essas mesmas classes dirigentes serem constituídas em castas fechadas, ou de permanecerem abertas de modo a assimilar gradativamente todos os elementos mais aptos que provêm das camadas inferiores da sociedade. Seria também útil um exame mais detalhado dos diferentes tipos de organizações que podemos observar nas minorias dirigentes, já que em alguns deles a autoridade vem sempre do alto e não admite nenhum tipo de limitação, enquanto outras vezes a classe política é fracionada e constituída de modo que uma parte dela possa contrabalançar o poder da outra e exercer um controle que redunda em benefício de todo o corpo social.

"Mas Michels é jovem e já tem mostrado possuir suficiente preparação histórica, jurídica e econômica para a discussão dos problemas indicados, e, sendo assim, é de se esperar que, bem cedo, outros volumes venham se juntar àquele publicado há pouco, que corresponderão a outros tantos passos em diante da escola à qual pertence. E, a propósito, tomo a liberdade de lhe fazer uma única recomendação, que é a de conservar sempre a serena objetividade através da qual ele, que em sua primeira juventude foi militante nas fileiras do partido socialista alemão, e por causa disto suportou enormes sacrifícios, agora que está intelectualmente afastado do partido, não demonstra nenhum arrependimento, não expressa nenhuma amargura, não dirige uma palavra a seus antigos companheiros que não seja respeitosa e cortês; ao contrário, sabe conservar por eles tanta benevolência a ponto de afirmar que a média intelectual e moral dos dirigentes do partido socialista é superior à daqueles que dirigem os outros partidos políticos. Nessa opinião, em particular, sobretudo se considerarmos o momento presente e o partido socialista italiano,

Michels me permitirá que eu discorde dele; mas essa divergência não impede que, dado o momento e as circunstâncias nas quais sua opinião foi pronunciada, deva-se admirar a serenidade daquele que a proferiu; serenidade que constitui o dom essencial de todo verdadeiro estudioso das ciências sociais.

"E acrescentarei que ele, ao julgar os efeitos práticos das idéias que considera errôneas, não é menos imparcial do que ao julgar as pessoas. Portanto, a impossibilidade, que implicitamente admitiu, de realizar as concepções democráticas não lhe impede a visão das vantagens que sua tentativa de atuação trouxe à sociedade de tipo europeu. E ele relembra, a propósito, o conhecido apólogo daquele pai que, ao morrer, revelava aos filhos que no campo que eles herdariam estava enterrado um tesouro, o que os fez revolver todos os torrões de terra, sem encontrar o tesouro, mas aumentando consideravelmente a fertilidade do terreno."

A descrição proposta por Mosca é quase idílica. Tem, porém, o grande mérito científico de "descobrir" — para usar o verbo de Vico — a natureza *efetiva*, de regime misto com supremacia oligárquica, que se aninha dentro de qualquer forma democrática (parlamentar ou até, acrescento, sovietista).

Os ideólogos guilherminos[11] da *Krieg der Geister* foram ainda mais longe: não apenas descreveram a efetiva natureza "de elite" do poder democrático, como começaram a enumerar o caráter, por assim dizer, *totalitário* dos grupos de pressão nos bastidores.

A atual interpenetração entre o capital financeiro — ou melhor, entre o mecanismo financeiro mundial — e a grande criminalidade permite um progresso analítico ulterior, indicado no título do próximo capítulo.

---

11. Ver *supra*, nota 4, cap. 6, p. 44. [N.T.]

12

Da elite à máfia

Fabio Armao, pesquisador arguto, escreveu o interessante ensaio *O sistema máfia: da economia-mundo ao domínio local*[1], que trata da máfia (termo que assumiu, com o tempo, um significado e um âmbito geográfico muitíssimo amplos) como prática de governo da economia e como sujeito determinante. Não repetiremos aqui suas análises, mas seria interessante lembrar a inclusão de Lucky Luciano (1897-1962) — pela revista *Time* de 7 de dezembro de 1998, pp. 81-82 — no rol dos vinte mais importantes "construtores e titãs" do *business* americano, ao lado de Henry Ford e Bill Gates. Segundo o popular semanário, a ele deveria ser creditado o mérito de ter reinventado a máfia (a partir dos anos da Lei Seca), transformando-a num dos empreendimentos de maior faturamento dos Estados Unidos da América.

Por outro lado, continua o autor, defender que na atualidade as máfias representem, para todos os efeitos, um componente funcional do capitalismo, implica que as mesmas têm a capacidade de *desempenhar um papel* "de estruturas de intermediação ideal com o capitalismo em nome do Estado, de um modo não totalmente novo, embora certamente em grande parte reinventado". Armao estuda longamente aquilo que ele denomina "as fases da integração mafiosa no sistema estatal". Poderíamos acrescentar que sua investigação implica também uma certa reflexão no âmbito da ciência

---

1. F. Armao, *Il sistema Mafia: dall'economia-mondo al dominio locale*, Turim: Bolatti Boringhieri, 2000. [N.T.]

política, considerando-se que, sobretudo na última década, tem sido insistentemente repetido, e por várias fontes, que o capitalismo é o ingrediente básico e o próprio pressuposto da "democracia parlamentar" moderna. Esse é um estudo pioneiro que nos ajuda a compreender por que o aparato estatal (não apenas na Itália) pode até conseguir derrotar o terrorismo, enquanto conduz, principalmente no plano do *verbiage*[2] retórico-jornalístico, aquela que é comumente definida como "a luta contra a máfia".

Gostaríamos, porém, de recordar aqui um outro aspecto da dominação mafiosa. Aspecto que veio à tona — a partir de cifras eloqüentes — no encontro da Confcommercio[3] denominado "Reciclagem 2000". A documentação é resumida por algumas cifras publicadas no *Corriere della Sera* de 16 de março de 2000. Citarei apenas duas: a) a reciclagem (que envolve o supra-sumo do poder bancário) equivale a 1,7 trilhão [de liras] diários; b) entre os setores da economia italiana contaminados pela máfia destaca-se o de cimento, do qual 70% é administrado diretamente por ela. E muito mais poderia ser acrescentado sobre os recursos praticamente infinitos das *holdings* criminais.

Entretanto, é verdade que houve também, nesse encontro da Confcommercio, uma intervenção tranqüilizante do então presidente Luciano Violante, que culminou na declaração: "É realmente necessária, aqui, a fórmula *tolerância zero*, uma vez que até a melhor legislação anti-reciclagem pode ser neutralizada pela corrupção." Mais concreto, o procurador Piero Luigi Vigna pronunciou na mesma ocasião algumas palavras essenciais sobre a capacidade crescente da criminalidade de *condicionar diretamente as escolhas políticas*, por exemplo, corrompendo o poder.

---

2. Em francês no original: "verborragia". [N.T.]
3. Confederação Geral Italiana do Comércio, Turismo, Serviços e das Pequenas e Médias Empresas. É a maior representação empresarial italiana, com mais de 780 mil empresas associadas. [N.T.]

O desgastado tema da corrupção política — envolvido nessa questão mais geral — é quase emblemático para os fins desta reflexão. Não porque, de fato, cause escândalo o poder econômico "pagar" aos partidos (e, decerto, a alguns mais do que a outros, e em diferentes medidas, segundo sua atitude diante do poder econômico), mas porque isso *não se deve saber*; porque esse *arcanum*[4] da "democracia parlamentar", se revelado, pode extinguir a ilusão de a democracia parlamentar ser, efetivamente, uma forma de democracia. O mal-estar da classe política nasce, portanto, quando essa estrutura profunda vem à tona, o que pode repercutir sobre o *consenso*, que, como sabemos, é um dos fundamentos do sistema. Os efeitos de deslegitimação não são controláveis em qualquer circunstância. A tormenta judicial — italiana primeiro, depois alemã e, em escala menor, também francesa — é temida pela classe política não apenas *em si* e *por si* (visto que revela o óbvio!), mas justamente pelo efeito de deslegitimação, de exposição imprevista e brusca da realidade efetiva que ela determina de maneira inevitável. No entanto, o eleitor médio aceita continuar a se servir do voto para conceder uma procuração a representantes, à medida que acredita estarem seguras as regras básicas da representatividade. (É, todavia, sempre uma minoria do corpo eleitoral que pratica *conscientemente* e "*estruturalmente*" a comercialização do próprio voto.) Já para a maioria, uma brusca tomada de consciência dos reais termos da questão inflige um *vulnus*[5] fatal ao *pacto* sobre o qual se sustentam as fortunas e a própria sobrevivência da classe política.

O pânico, sempre presente nos sistemas parlamentares, de que tal véu seja arrancado, torna-se mais intenso em tempos de luta política que transpõe a esfera judiciária. (O que pode também coincidir com traumáticas modificações da classe política, como

---

4. "Mistério", "segredo". [N.T.]
5. "Ferida", "ofensa" ou "trauma". [N.T.]

ocorreu na Itália por motivos que os historiadores buscarão algum dia esclarecer.)

Não é evidente, entretanto, que os sistemas parlamentares europeus venham a desembocar no cenário norte-americano, em que a sociedade votante, plenamente consciente do entrecho crucial[6], é uma *minoria* numérica, na geral aceitação do fato e no desinteresse da maioria. De todo modo, é claro que de uma tal práxis deriva um golpe considerável à *precondição* democrática por excelência, ou seja, a validade e a positividade — sempre e em qualquer parte — do princípio da maioria.

---

6. A propósito, *In nome della lobby* [*Em nome do lobby*] é um célebre ensaio de Rodolfo Brancoli (Milão: Garzanti, 1990; reed. Roma: L'Unità, 1994). Quando, no início dos anos 1990, para reprimir o fenômeno dos "honorários" lobistas-mafiosos, o Congresso dos EUA decidiu aumentar a remuneração anual dos parlamentares para até 135 mil dólares, o líder da maioria democrática na Câmara falou de "ato heróico" (R. Brancoli, *In nome della lobby*, p. 107).

13

A parábola da esquerda: fim da utopia?

Baseando-se na *República* de Platão, podemos chegar ao governo dos "Trinta". Os seres humanos em carne e osso a um certo ponto, porém, se livram dos Trinta, promulgando sobre eles uma sentença sumária. O ponto desesperador para os reformadores sociais — incluindo aqui os mais drásticos entre todos, isto é, os revolucionários — é, de fato, a irredutibilidade da realidade concreta humana às suas análises e o conseguinte caráter refratário, mais ou menos acentuado, dos indivíduos concretos em relação aos "experimentos" testados sobre a sua pele. Existe toda uma literatura desiludida, quando não cínica, a esse respeito, cujo texto mais célebre talvez seja a comédia *A assembléia das mulheres*, de Aristófanes. Do outro lado, a constatação, clara e sem alternativas, de uma tal irredutibilidade conduz a um imobilismo desesperador.

Com certeza, contra tal imobilismo há o fato visível da mudança que se verificou na condição humana, mesmo que num espaço de tempo muitíssimo longo. Mas a questão que os reformadores sociais não podem esclarecer é se eles estão de fato confiantes de que o seu discurso e, sobretudo, as suas ações tiveram mesmo algum mérito em tais mudanças, ou se elas foram geradas por dinâmicas mais profundas do que as pensadas por eles, mais lentas e, talvez, até mais elementares. Entre as quais, um lugar compete àquele óbvio e existencial *amor sui*[1] de cada ser vivente, que Tocqueville, com um toque lexical aristocrático, chamava "ardor obstinado e às vezes cego"

---

1. "Amor próprio." [N.T.]

(*Ancien Régime*, livro III, fim) e identificava no "impulso" instintivo à igualdade, inscrito — ousarei afirmar — no código genético de todos os seres humanos.

Enquanto favorecem tal impulso, os reformadores sociais são bem-sucedidos — de outra forma, não poderíamos entender a simpatia, irreprimível nos primeiros tempos, que os movimentos revolucionários da época moderna despertaram em seu surgimento. Ao chegar ao poder, porém, os revolucionários entram a todo o momento em choque contra o funcionamento concreto dessa máquina, em geral mais complexa que seus programas e suas análises, que é a sociedade; são assim obrigados a forçá-la, a brutalizá-la, explicando-lhe que o fazem pelo seu bem ou por um bem futuro, até que sejam derrubados. O esquema é geral e apresenta, nos casos concretos, muitas variantes, mas em essência é isso.

Se houvesse algum sentido em tirar "regras" dos poucos exemplos conhecidos, poderíamos observar que, pelo menos até hoje, as "revoluções" no Ocidente seguiram sempre o mesmo percurso, idêntico ao da Revolução Inglesa do século XVII: em primeiro lugar, a fase radical (1640-1648) com a sucessiva década cromwelliana[2], depois o cansaço, a repulsa, a restauração (que jamais é igual ao ponto de partida, pois as pessoas mudam, e as experiências vividas não são anuladas, nem mesmo as daqueles a quem foram impostas), até a produção da "segunda" revolução (1688), cujas características são totalmente diversas da primeira, se não opostas, mas sem deixar de conservar algumas de suas instâncias fundamentais. A dinâmica francesa, entre os séculos XVIII e XIX, foi análoga, e talvez a da Rússia contemporânea esteja seguindo um movimento do mesmo tipo.

Não se trata de dinâmicas abstratas. Infelizmente, esses trágicos eventos representam um custo gigantesco em termos do sofrimento que cada indivíduo padece ao longo de sua existência

---

2. Referência a Oliver Cromwell (1599-1658), líder da Revolução Inglesa, ou Revolução Puritana (1640-1660), e primeiro "comum" a governar a Inglaterra sob o título de *lorde protetor*, de 1653 a 1658. [N.T.]

concreta — aliás, a única de que dispõe. Essa observação incontestável porém não compromete o *primum movens*[3], ou seja, tais dinâmicas subvertedoras e traumáticas são incitadas também por carências e reivindicações concretas das massas e dos indivíduos, impelidos à ação por necessidades inevitáveis, e não só pelos pérfidos desígnios de alguns conspiradores ambiciosos, que, sozinhos, não seriam capazes de nada.

Portanto, até agora, o movimento histórico tem se desenvolvido, nos limites em que o conhecemos, segundo esses ímpetos — ímpetos que os céticos continuarão a considerar nada mais que uma desesperadora tautologia que sempre retorna *ad pristinum*[4], após infinitos sofrimentos e perdas, e que os historicistas, ou os otimistas, ou, poderíamos talvez dizer, os conscientes quanto à complexidade da aventura humana, verão com muito menor desdém.

A "esquerda" ocidental sofreu imediatamente os contragolpes de tal movimento: alcançava um grande prestígio nos raros momentos em que se encontrava na esteira de um impulso inovador abrangente, mas, de resto, acabava sempre retraída numa atitude de autoconservação, vivendo de sofismas e de raciocínios discutíveis. Os momentos desfavoráveis sempre foram muito mais freqüentes e longos que os demais.

Daí a elucidação sobre as duas almas da esquerda no Ocidente (falamos sempre em Ocidente, pois foi onde se deu o confronto, e há séculos o Ocidente está em ofensiva contra o resto do planeta, como bem argumentou Arnold Toynbee, tendo se afirmado como o "lugar decisivo"). Como dizíamos, daí as duas almas da esquerda: a revolucionária e a reformista. Nascidas do mesmo parto e da mesma bagagem de idéias, eram destinadas, porém, a uma convivência difícil, se não a uma intolerância recíproca, sobretudo a partir do início do século XX, quando o movimento revolucionário pareceu

---

3. "O primeiro motor." [N.T.]
4. "Desde a antiga condição." [N.T.]

conquistar sucessos em campo e recolher provas de suas próprias intuições, a ponto de ser levado até mesmo a mudar de nome, a denominar-se "comunista" para ressaltar um retorno a Marx, além de se distanciar, a partir de então, da práxis inadequada de uma social-democracia envelhecida e afobada que já havia perdido o trem da história. E, na verdade, o fracasso social-democrático de 1914 e o sucesso leninista de 1917 pareciam confirmar a fundamentação daquelas escolhas.

Por outro lado, todos sabem que a perspectiva leninista deixou de ter aceitação no Ocidente muito cedo. Apenas minorias foram conquistadas por ela. De modo que, já logo após o seu surgimento, os partidos nascidos na esteira da revolução tiveram de se aparelhar para conduzir o mesmo tipo de ação política (sindical, parlamentar, "cotidiana") que a dos reformistas, de cujo ramo os partidos tinham se separado. O advento do fascismo apenas acelerou esse processo: *forçou* os partidos comunistas, sobretudo após a queda da República de Weimar, a uma evidente mudança de estratégia. No pós-guerra, porém, em coerência com tal mutação radical, seu horizonte passou a ser a reconstrução, a unidade nacional e, portanto, concretamente, a reforma agrária, a igualdade salarial, até mesmo as "nacionalizações", como na Inglaterra de Attlee[5] — em uma palavra, como então se dizia, as "reformas estruturais".

Assim, não apenas é óbvio, como tem sido documentado pela sua própria história, que os partidos comunistas ocidentais, no desafio da práxis, só puderam levar a cabo, na melhor das hipóteses, uma boa política social-democrática.

Isso possibilitou a eles, entre outras coisas, a atribuição de responsabilidades de governo repetidamente: entre 1945-47 na França e na Itália; dez anos depois, em um país membro da OTAN, a Islândia

---

5. Clement Richard Attlee (1883-1967), primeiro-ministro do Reino Unido entre 1945 e 1951, líder do Partido Trabalhista britânico desde 1935. [N.T.]

(1956, governo Jonasson); em seguida, novamente na França, do "governo das esquerdas" da primeira presidência Mitterrand (1981-83) ao último governo Jospin. Os comunistas foram "maioria parlamentar" na França, ainda antes da Segunda Guerra Mundial, com a Frente Popular; e, além da época da Libertação, o foram novamente, por um breve período, com as eleições políticas de janeiro de 1956. Em tempos mais recentes, foram maioria na Suécia (apoiando o governo Palme) e na Itália, durante a assim chamada "unidade nacional". Todas essas experiências de governo, ou de "área de governo", dos comunistas na Europa Ocidental foram marcadas por uma característica em comum: a moderação, unida a um zelo e a uma seriedade que chegaram até mesmo a ser objeto de ironia. É quase redundante acrescentar que, obviamente, nenhum dos partidos comunistas que chegaram ao governo no Ocidente jamais atuou como "quinta coluna" da União Soviética. Os eventuais transtornos, aliás, vieram das pressões norte-americanas: como bem o soube Aldo Moro, abalado pelos tempestuosos encontros com Henry Kissinger.

Além disso, que, por sua vez, os partidos social-democratas acabassem por se encontrar numa espécie de beco sem saída, após anos ou décadas de "bom governo" e que quase arriscassem a não ter mais um papel, uma vez realizados seus propósitos reformadores, ou se parecessem, de algum modo, abaixo das expectativas daqueles que os levaram ao governo, é um fenômeno ciclicamente reapresentado na Europa. Ocorreu já nos "vinte anos entre as duas guerras" e depois, no curso dos altos e baixos eleitorados dos socialismos europeus (escandinavos, ingleses e alemães, principalmente) no pós-guerra.

Também os sociais-democratas se submeteram (e isso teve uma significativa importância para sua evolução) à experiência amarga e instrutiva da disparidade entre os projetos regeneradores de grande fôlego e o caráter cotidiano do mandato político — na realidade da incessante transformação das sociedades, das condições materiais e também das consciências; transformação que tem sido, pouco a pouco, decisiva na reorientação da ação e da inspiração desses partidos.

Pode-se dizer, afinal, que, para além das heranças ideais e tradicionais de toda a esquerda, a *substância do programa* sempre foi, no Ocidente, tanto para os comunistas quanto para os socialistas, aquilo que é habitualmente definido como "Estado social": do "plano do trabalho" de Giuseppe Di Vittorio[6] às nacionalizações da primeira centro-esquerda, ao Estatuto dos Trabalhadores e à revogação da meação.[7] No que diz respeito à Itália, houve uma verdadeira continuidade "física" — nas regiões "vermelhas" da Itália central — entre o velho corpo do movimento operário e socialista, com suas estruturas cooperativas, e o PCI da luta de libertação em diante. É bem conhecido o episódio, relatado por Teresa Noce[8], ocorrido com ela na região da Reggio Emilia, em 1932, durante uma reunião clandestina de comunistas, na qual a um certo ponto um velho camponês observou-lhe: "Se Prampolini[9] estivesse vivo, teria vindo também."

Parece, pois, que a esquerda esteja condenada, no Ocidente, a uma política medíocre, e assim sendo, ao insucesso periódico — a realizar uma política cautelosa e frustrante para os próprios militantes, tímida e, contudo, irritante para as forças que lhe são hostis e que conseguem periodicamente roubar-lhe, desfrutando de sua escassa combatividade, o seu próprio eleitorado "natural".

---

6. Giuseppe Di Vittorio (1892-1957): político e sindicalista italiano. [N.T.]
7. Em italiano, *mezzadria*, um contrato agrário associativo, abolido na Itália, que previa o cultivo de um terreno por um colono (*mezzadro*), cuja produção e rendimentos deveriam ser depois divididos pela metade com o proprietário. [N.T.]
8. Teresa Noce (1900-1980): sindicalista, ativista socialista, uma das fundadoras do Partido Comunista Italiano. [N.T.]
9. Camilo Prampolini (1859-1930): político italiano que defendia o "socialismo reformista". Participou do desenvolvimento do movimento cooperativo de Reggio Emilia, sua cidade natal. [N.T.]

Para dimensionar de forma justa esse fenômeno que inquieta os analistas, talvez seja conveniente "sair" do Ocidente. Precisamente por ser área decisiva e dominante de todo o planeta, de fato, o Ocidente já não é mais, há séculos, compreensível em sua totalidade apenas a partir de suas dinâmicas internas; tudo o que acontece no Ocidente funda suas raízes na soma dos mundos que ele domina, guia ou controla. Há séculos não é mais uma área geopolítica como as demais: é o *centro* no qual amadurecem e são decididos por meio de processos econômicos, ação política, etc., fenômenos provenientes dos quatro cantos do planeta. Talvez o estudo do Império Romano na fase de seu maior domínio possa nos ajudar a compreender, por analogia, uma dinâmica como essa, graças à qual o que ocorre no *centro* é o resultado de processos que acontecem *no todo*.

Todos os sujeitos interessados, tanto da direita como da esquerda, já estão conscientes desse fenômeno peculiar há muito tempo. A esquerda não apenas percorreu a história do Ocidente até se transformar em um de seus elementos constitutivos, mas também percebeu e buscou enfrentar o progressivo e crescente comprometimento da economia de todo o planeta na vida do Ocidente, e impedir seus efeitos. Esse comprometimento começou séculos atrás, com a conquista do "Novo Mundo", das Índias e depois da África; prosseguiu com os grandes conflitos entre os impérios (de Fachoda[10] à Guerra do Ópio e à Guerra de 1914); foi concluído no pós-guerra, com o aumento do prestígio norte-americano em escala mundial, desenvolvido no mesmo ritmo da assim chamada "descolonização" e caracterizado pela afirmação de novas formas de dependência, mais sutis e eficazes.

Bem cedo, também a direita tornou-se consciente dos efeitos do nascimento de um tal "sistema mundial" que tinha o Ocidente como seu epicentro. Ainda mais porque compreendeu, antes e

---

10. Fachoda: cidade da região do Alto Nilo (hoje Kodok) onde ocorreu, em 1898, um incidente diplomático entre ingleses e franceses pela disputa da bacia do Nilo. [N.T.]

melhor do que todos, que o domínio sobre outros mundos atenuaria e, enfim, transformaria, diversificaria e fragmentaria — como precisamente ocorreu — os conflitos de classe no coração do Ocidente. Em outras palavras, demonstrou-se ter sido muito mais importante, para a compreensão das dinâmicas econômicas e políticas do Ocidente, um fenômeno tipicamente norte-americano como o sindicalismo "jingoísta", do que a reflexão gramsciana sobre os conselhos de fábrica em Turim no início dos anos 1920.

O recurso mais eficaz da economia capitalista foi, assim, a diversificação e a fragmentação crescente das classes, em escala nacional e mundial. Mesmo aqui, a esquerda enfrentou e lançou um grande desafio "exportando" o leninismo para os mundos dependentes. E durante décadas granjeou sucessos de alcance histórico. O terreno era receptivo. Não se tratava de discutir à exaustão a noção de hegemonia — as palavras de Mao a Malraux, trinta anos após a "Grande Marcha" ("A três quilômetros de minha aldeia algumas árvores já tinham perdido quatro metros de cortiça, pois os famintos a haviam comido."[11]), explicam melhor do que qualquer outro discurso a grande onda de comunismo na Ásia, e de modo mais simples.

Porém, mesmo nos mundos dependentes, a direita desafiante soube encontrar as suas armas: o envolvimento das elites locais, o nascimento de pólos prósperos e eficientes, a exploração hábil das rivalidades tribais. Até no imenso viveiro do desespero humano, a complexidade podia se revelar superior às previsões do leninismo, apesar dos seus esforços para compreender as "realidades nacionais" e aderir às mesmas. Houve um breve período histórico feito de avanços e reveses, entre a revolução argelina, momento alto da revolução antiimperialista, e a obscurantista e impetuosa revolução de Khomeini, vinte anos depois e, desde então, em expansão.

---

11. "Tuttolibri", *La Stampa*, nº 765, agosto de 1991. A entrevista é de agosto de 1965.

Compreender e desvelar o perfeito e mortífero mecanismo da "troca desigual", que é até o presente a pedra angular do domínio mundial do Ocidente, não foi o bastante para abrir os olhos dos explorados dos mundos dependentes: o mundo dominado pelo Ocidente com os fios invisíveis da primazia econômica não pretende, provavelmente, libertar-se através de uma concepção de mundo e de um discurso político importado do próprio Ocidente, como lhe pareceu ser o leninismo, a menos que este não se misture totalmente à realidade onde lança suas raízes. Poderia acontecer algo desse tipo no mundo do Islã? Talvez já seja tarde demais e a parábola da revolução argelina está aí para demonstrá-lo. Na África meridional e na imensa e nevrálgica República da África do Sul, o leninismo — sob a forma da Frente popular angolana ou do *National African Congress*, ou do Partido Comunista Sul-africano — era ainda vital e não precisava demonstrar a si mesmo a própria função. Será capaz de influenciar a realidade tribal sem ser submergido por ela? Ninguém pode afirmá-lo. No imenso Estado que tem como base a cidade de Calcutá, o Estado norte-oriental da Índia, é a "condição humana" que leva os seres humanos a um posicionamento simples e incontestável. E o próprio catolicismo, outro produto exportado do Ocidente, tem conquistado, enquanto isso, terreno e consensos num continente de grande desigualdade e de miséria sem redenção como a América Latina, ao apropriar-se, arriscando a heresia, de temas chaves do discurso comunista.

Atualmente, pois, a noção muito antiga e dificilmente esconjurável de comunismo, com toda a sua carga utopista, possui um sentido imediato e convincente, no momento em que é considerada de uma certa distância. Porém, bem cedo não será mais necessário recorrer à imaginação para perceber que tudo isso está, pouco a pouco, aproximando-se de nós, mediante uma imigração constante e irremediável, como aquela que despeja multidões de pessoas do México nos Estados Unidos, transformando a fisionomia do país de chegada. De resto, nós já conhecemos os limites e os recursos.

Não é possível prever que toda a Índia ou todo o Congo jamais consigam atingir, com suas forças, o nível de bem-estar médio da França ou da Holanda. O mundo e o Ocidente estão, mais do que nunca, de frente um para o outro.

A ação do movimento político e social que foi impulsionada 150 anos atrás pelo *Manifesto comunista*, de fato, não teve como resultado a vitória da revolução proletária, mas — imprevistos que a história nos reserva — a transformação radical do próprio capitalismo (cuja capacidade de auto-renovação, aceitando sempre novos desafios, foi bem intuída por Marx). Além do mais, a burguesia conquistou sua posição dominante graças a uma feroz revolução, como foi a Revolução Francesa — dificilmente teria deixado seu posto a outros que adotavam contra ela os seus próprios métodos.

Em vista desse resultado inédito, embora pareça desmentir o *sentido literal* daquilo que se lê no *Manifesto*, esse texto na verdade está fundamentado na extensão a todo o planeta daquela relação conflituosa exploradores-explorados que Marx e Engels analisam no texto, considerando apenas o Estado nacional avançado. Contudo, essa extensão planetária, embora possa parecer uma magnífica demonstração em grande estilo da teoria, tem uma contrapartida prática sumamente desconcertante. O fulcro da profetizada liquidação de caráter revolucionário do domínio capitalista era, de fato, a hipótese segundo a qual "o desenvolvimento da indústria produz a união revolucionária dos operários por intermédio da associação"; daí a frase de efeito: "o capitalismo cria para si, com o seu desenvolvimento, 'os seus coveiros'". Mas se o universo dos explorados é aquele imenso e disperso dos mundos dependentes, essa previsão fica ofuscada. Em escala planetária "a união revolucionária por intermédio da associação" é (pelo menos até hoje) uma quimera. Porque a essa "união", talvez possível em alguns momentos no interior de um corpo homogêneo como um Estado nacional, opõe-se, em escala planetária, o imenso contrapeso das diversidades culturais, religiosas, tradicionais, étnicas — em suma, a terrível complexidade da história.

14

Novos explorados, novas crises

A vitalidade do capitalismo — que é justo continuar sendo definido como uma forma histórica e não como um dado metafísico e absoluto inerente à *natureza humana* — revelou-se muito superior ao que os artífices de Outubro (todos oprimidos por uma cultura eurocêntrica) pudessem imaginar. O passado, contudo, nos ajuda a estender o nosso olhar. Espártaco revolta-se, triunfa durante anos e enfim sucumbe perante o exército mais poderoso do mundo na época, e a escravidão, que parecia em séria crise durante aqueles três anos, duraria ainda por séculos. *Num certo ponto, porém, acaba.* Aquilo que parecia, a senhores, filósofos e sacerdotes das diversas religiões, um dado *natural*, ao terminar, revelou-se, ainda uma vez, apenas um momento, um capítulo, embora longo, da História. Assim será com o capitalismo, como foi com a propriedade feudal. No fim, naturalmente, a mudança oferece algo de imprevisto; *o desenlace não se assemelha a nenhum* dos cenários previstos de início e apresentados no princípio do drama.

Mas atenção. O capitalismo possui uma imensa força de configuração, como nenhum sistema econômico-social precedente (conhecido por nós) jamais possuiu. Envolveu, em sua máquina de manipulação das consciências, até palavras eversivas por excelência, como liberdade, por exemplo. É, de fato, um sistema oligárquico: mas vive e goza de ótima saúde porque conseguiu deturpar e se apoderar do mecanismo democrático.

Diferentemente dos outros sistemas econômico-sociais já conhecidos, o capitalismo está pronto até mesmo para impor a toda a humanidade o final de *O tacão de ferro* — refiro-me ao melhor e mais significativo livro de Jack London, considerado à época uma *futurologia negativa*, que, porém corre o risco de se parecer cada vez mais com o nosso presente. O hitlerismo já tentou arrastar a todos, sequazes e adversários, a um final "nibelúngico". (Não devemos deixar de recordar, porém, que o "socialismo real" se desmobilizou quando viu que havia perdido a partida.)

Como sair deste impasse hoje? Muitos se interrogam, e não faltam propostas generosas, embora ingênuas ou utópicas, como aquela que recentemente um bravo e inteligente sociólogo suíço expôs em seu livro *A fome no mundo explicada a meu filho*.[1]

É necessário trabalhar, no coração do "Primeiro Mundo", para uma *compreensão atualizada* do mecanismo capitalista do tempo presente. À espera, como escreveu certa vez Trotsky com sua verve usual, de um "cientista" capaz de "introduzir na concepção dialético-materialista do mundo" todo o novo que incessantemente é produzido. E ele comentava: "Não se trata de artigos de jornal ou revista, mas de marcos científico-filosóficos como *A origem das espécies* e *O capital*."[2] Escrevendo em 1923, ele era obrigado a objetar a si mesmo que, naquele momento, não havia tempo para dedicar-se a esse esforço necessário "até que o proletariado pudesse depor suas armas". Agora que as armas (metafóricas ou não) foram retiradas, percebemos mais do que nunca a urgência de tal esforço (que talvez, se realizado a tempo, pudesse ter favorecido resultados diferentes). Mais do que nunca necessitamos de um novo Marx e de um novo Darwin!

É o estrato intelectual que faz funcionar os centros nevrálgicos do mundo hegemônico. É essa classe que deve ser conquistada à

---

1. J. Ziegler, *La fame nel mondo spiegata a mio figlio*, Milão: Pratiche Editrice, 1999. [Ed. bras.: *A fome no mundo explicada a meu filho*, trad. de Lúcia M. Endlich Orth, Rio de Janeiro: Vozes, 2002.]
2. L. Trotsky, *Letteratura e rivoluzione* (1923), tradução italiana de V. Strada, Turim: Einaudi, 1974, p. 195.

crítica. É urgente uma nova crítica da economia que explique às camadas decisivas do Primeiro Mundo que também elas são *exploradas*. E que, em primeiro lugar, são exploradas naquilo que deve ser considerado o máximo dos bens: a inteligência. A nova crise virá do coração do sistema, após um tempo muito longo e após uma longa pesquisa. Não é importante estar lá, é importante saber disso.

15

De um setembro a outro

A destruição do coração financeiro mundial, em Nova Iorque, e de uma parte do Pentágono, em Washington (11 de setembro de 2001), pode parecer como algo análogo à chegada, até então considerada impensável, de um chefe "bárbaro" no coração do império romano: a incursão até Roma (14 de agosto de 410) de Alarico, chefe dos Visigodos. Um gênio, além de grande escritor, como Agostinho, bispo de Hipona, compreendeu então que a ordem preexistente fora derrubada. E escreveu o *De civitate Dei* [*A cidade de Deus*]. Livro que se abria para o futuro da única maneira construtiva: percorrendo de novo o passado, ou seja, a terrível marcha triunfal pela Roma imperial. Um exercício análogo seria útil nos dias atuais.

O mundo "bipolar" servia como uma garantia eficaz contra a exasperada deriva que está sob os nossos olhos. Não apenas por causa dos motivos conhecidos de equilíbrio militar, mas porque a própria existência da alternativa representada pela União Soviética limitava o terreno da atração fundamentalista, hoje explosiva. Não foi inteligente fazer todo aquele esforço (corrida armamentista, "guerras estelares", etc.) para liquidar a União Soviética e deparar-se com Bin Laden.

Agora o mundo é ingovernável. Três guerras nos escassos dez anos que nos separam do final da União Soviética são um sinal daquilo que nos espera: um perene estado de assédio em escala mundial. Do semidestruído Pentágono, paira sobre os nossos destinos um obstinado sonho de predomínio planetário, mesmo que o preço seja a ruína universal.

É uma coincidência significativa que o ataque às torres e ao Pentágono tenha acontecido em 11 de setembro. Na noite de 11 de setembro de 1973, a CIA guiava a ação dos generais nazistas chilenos rebelados contra Salvador Allende. No alvorecer do dia seguinte, derrotaram-no. Mas a roda da história é instável.

16

Algumas idéias sobre o novo século

O "campo socialista" não existe mais. Contudo, a Revolução de Outubro e a existência durante setenta anos da União Soviética causaram efeitos muitíssimo profundos na história humana: a) deram impulso à liberação, ou melhor, à movimentação do mundo colonial; b) a União Soviética impediu, na Europa, a marcha triunfal do nazifascismo; c) a existência de uma "alternativa de sistema" visível e geograficamente próxima impôs ao Ocidente a adoção do "Estado social". O caso alemão constitui um exemplo emblemático. Geralmente alude-se a ele apenas para chorar sobre o "muro"; esquece-se que sem a "disputa" com a República Democrática Alemã, a República Federal Alemã não teria inventado nem a *Mitbestimmung*[1], nem a legislação social usufruída pelos assalariados alemães.

Aquilo que os ideólogos, mais ou menos ortodoxos, não conseguem ver é justamente o que está escancarado diante de seus olhos: a realidade. É óbvio que a realidade é mais complicada que os diagnósticos e as previsões. É o resultado do amálgama profundo entre o acúmulo da história passada, que cada indivíduo e cada povo traz dentro de si, com os impulsos inovadores e subversores provenientes do aguçamento da conscientização (consciência de classe, consciência dos direitos, etc.) e do impetuoso desenvolvimento técnico (este último, no século XX, ocorreu com uma velocidade

---

1. "Co-gestão." [N.T.]

jamais vista nos séculos anteriores). É, pois, inevitável que o resultado do entrelaçamento desses múltiplos *vetores* jamais seja parecido com algo previsto ou esperado. Compreendê-lo não significa submeter-se servilmente, mas caminhar com os pés no chão. A realidade é sempre *inédita* em relação ao que dela se espera. O político e o cientista social deveriam marchar lado a lado; de outro modo, um adquire as feições de Don Ferrante[2] e o outro se torna um notário do existente.

Fala-se dela com pouquíssimo conhecimento e com embaraço, ou seja, com angélica simplicidade. No entanto, a China é um exemplo colossal de tudo o que foi dito anteriormente.[3] Pode parecer frívolo partir de uma frase atribuída a Stalin, que teria definido Mao como "um comunista-margarina" (exprimindo, com esse termo, algo de inferior à mais "autêntica" manteiga...). Essa desconfiança era bem fundamentada, de um ponto de vista "ideológico", mas era insensata do ponto de vista da realidade efetiva. O esforço, porém, de compreender um mundo totalmente diferente como a China (que Voltaire colocava no antípoda da Europa, como um mundo separado) era, para um "revolucionário do início do século", superior à sua possibilidade de adaptação à complexidade histórica e geopolítica. Entretanto, esse foi apenas um começo. Após revoluções e repetidas guerras civis, a China é hoje um continente inteiro (um quinto da humanidade), regido por um modelo inédito de economia mista, em muitas velocidades, e que fixou sua unidade estatal — historicamente sempre em perigo — à moldura oferecida pela estrutura de um partido único, o Partido Comunista. O prestígio do partido é até hoje imenso no país, pelo fato, evidente a todos, de que foi ele quem libertou a China do jugo colonial. É um país

---

2. Personagem do romance *Os noivos*, de Alessandro Manzoni. Don Ferrante é a figura do intelectual obscurantista e antiquado. [N.T.]
3. Cf. *supra*, cap. 14, p. 99: "No fim, naturalmente, a mudança oferece algo de imprevisto."

"socialista"? A pergunta não faz sentido, reflete uma outra era. A verdadeira questão que está diante da humanidade, pelo contrário, não é nada abstrata (como são abstratas as especulações sobre as tipologias políticas). A questão é saber se a nova e mortífera administração norte-americana almejará arrastar a humanidade à guerra para destroçar a China, temida como antagonista planetário.

Marx não intuiu uma única via de escape do capitalismo (a qual, no início do século XX, parecia ao alcance das mãos com o Outubro de 1917). Também apresentou aos pósteros a alternativa, terrível mas não impossível, da "ruína em comum das classes em luta". O termo "ruína" pode parecer apocalíptico demais, porém encerra uma substância verdadeira: os dois antagonistas oitocentistas analisados por ele, e que ocuparam o cenário até o final dos anos 60 do século XX, não existem mais como tais. As previsões mais confiáveis indicam que os "operários de fábrica" foram reduzidos a 15% de toda a força de trabalho, no Ocidente "rico", no decorrer de poucas décadas. (É essa, entre outras, uma das razões pelas quais o Estado social terá cada vez menos defensores; os sujeitos em favor dos quais foi construído claramente perdem terreno no plano de seu peso social). No lado oposto, o capital financeiro é a espinha dorsal das camadas dirigentes. Não mais dinheiro-mercadoria-dinheiro, mas dinheiro que produz *tout court* outro dinheiro. E a interpenetração com a macrocriminalidade mundial é o principal dado de um tal mecanismo. O antigo "capitão de indústria" é agora uma peça de museu. O reagrupamento das classes é de tal forma profundo que impõe um sério estudo, antes de mais nada, do conceito de exploração.

A principal previsão de Marx, de radicalização e simplificação do cenário social, parecia, à primeira vista, a mais errônea, a mais caduca. E, no entanto, revelou-se uma intuição profética, só que não nos termos que podiam ser conhecidos então por Marx (e que praticamente não existem mais, a não ser de forma residual).

De fato, nos dias atuais, é uma oligarquia de poucas pessoas que detém a riqueza mundial. Segundo o célebre economista Jeremy Rifkin, apenas 366 pessoas detêm 40% da riqueza de todo o planeta. Os explorados, porém, que são bilhões, estão dispersos e divididos, para empregar uma célebre hendíade oitocentista. Isso depende, como já foi dito, de vários fatores: geográficos, culturais, religiosos, raciais, etc., mas também — e não menos — da volta em grande estilo e em escala mundial de dependências do tipo escravista. Os poderosos são unidos e "internacionalistas", prontos para enfrentar, por meio dos governos considerados "democratas", que estão ao seu serviço, qualquer emergência; os outros não dispõem mais nem de uma coligação internacional, nem de partido, nem de perspectiva.

Não é mistério para ninguém que a saída do capitalismo, admitindo-se que se trate com efeito de um cenário previsível em tempos históricos, seja de longe, a mais árdua; e é completamente incomparável com todas as outras mudanças de "modo de produção" que se sucederam durante a história. É apenas uma analogia (e, como tal, pode ser bastante enganosa) aquela que diz o seguinte: assim como, de um certo modo, estão "terminados" os "modos de produção precedentes" (escravista e feudal), o modo capitalista também acabará. É uma analogia, que o pensamento, com a velocidade que o caracteriza, pode formular em um átimo. Porém a *analogia* não é uma demonstração *lógica* — quando muito, é uma sugestão. Onde está a diferença? O salto mortal, que torna tudo desesperadamente mais difícil, reside no fato de que todas as mudanças anteriores de "modos de produção" envolveram a emergência de diversos sujeitos, passou do padrão feudal ao padrão das manufaturas, de um tipo de exploração a outro tipo de exploração. No caso da hipotética saída de cena do capitalismo, deveríamos imaginar uma interrupção até mesmo do mecanismo da exploração. A experiência soviética girou em torno da hipótese de que isso pudesse ocorrer através de uma extraordinária força coercitiva. Com altos e baixos, retrocessos, fugas para frente, compromissos, etc., a experiência fracassou. E com o inepto Gorbachev houve a rendição incondicional às categorias mentais do adversário.

Um fracasso como esse, precisamente por causa da duração da experiência, produz conseqüências teóricas de longuíssimo alcance. A experiência jacobina ou a Comuna duraram poucos meses. Aqui foi omitido um mecanismo que se enraizou durante setenta anos e que superou crises de proporções assustadoras, como o segundo conflito mundial. Assim, pois, a derrocada implica uma falência estratégica de proporções desmedidas, justo pela riqueza de hipóteses e das tentativas postas em prática. Por isso, a comparação com o que acontece na Europa após 1815 é válida até certo ponto. Mesmo então, ao final de um "ciclo" revolucionário (adulterado pouco a pouco até a grotesca solução monárquico-imperial de Bonaparte), seguiu-se uma Restauração que parecia ter anulado 25 anos de uma história muito dolorosa. Mas a comparação com o nosso presente poderia parecer demasiado consoladora. De fato, a implicação é que, após alguns anos, *recomeça-se*. Durante cerca de trinta anos após o Congresso de Viena, toda a Europa esteve em plena revolução: é o grande arrebatamento de 1848 que se insinua na mente de quem propõe uma analogia com aquele precedente hoje em dia. Uma comparação mais instrutiva poderia ser, ao contrário, com a derrota de Espártaco. Aquela revolução de escravos realmente fez com que a República imperial romana tremesse durante três anos. No final, não só foi derrotada, como também massacrada. O império saiu ileso, apesar das décadas e décadas de guerras civis no interior das classes dirigentes, divididas por furiosas disputas pela repartição do butim. O império (no Ocidente) durou outros quinhentos anos. *Depois, de qualquer modo, caiu.* Mas não por causa de uma revolução dos explorados, e sim pela mortal convergência de grandes migrações de povos e de uma nova espiritualidade. Ainda uma vez afirmou-se e incorporou-se um cenário *inédito*, que ninguém havia previsto. Talvez possamos ler nesse precedente o nosso futuro?

À guisa de conclusão

A experiência do século que acabou de terminar parecia poder ser sintetizada numa fórmula: as oligarquias ligadas à riqueza vencem, as ideológicas perdem.

"*Eppur si muove.*"

Creio que a aventura humana é como a de um corpo que, visto dia após dia, parece sempre igual a si mesmo e, contudo, transforma-se no plano molecular, sem cessar. No corpo, esse processo é observado durante longos intervalos. Na História, a vida inteira de um indivíduo corre o risco de ser às vezes mais curta do que um intervalo significativo. Se, apesar de tudo, me perguntassem o que mudou principalmente no mundo, eu responderia, como Gaetano Mosca na entrevista a Michels: a maior conscientização da necessidade da igualdade. Tocqueville já o havia bem descrito nas páginas finais do *Ancien Régime*.

Algumas vezes, os filósofos imaginaram uma igualdade de imediato possível, e talvez reservada apenas aos mais preparados (Platão), ou fruto de uma iminente e filosoficamente necessária subversão das classes no mundo industrializado (Marx). Os seres humanos, no entanto, querem todos chegar lá. Eis por que o caminho é tão longo. E foram derrotados, mesmo entre tantos heroísmos, aqueles regimes que mesclavam, em dosagens empíricas, um pouco de Marx e um pouco de Platão.

Houve um tempo em que as classes se tocavam, se viam. Não somente na cidade antiga ou medieval, mas ainda na Turim dos anos que talvez alguns recordem. Hoje, as classes (não vejo como podemos chamá-las de outra forma) estão desarticuladas até mesmo em continentes diversos. No *Quartier Latin* pode-se apenas *imaginar* a Somália. E quem tem a sorte de nascer no lugar certo nega que ainda existam as classes.

Quando eu tinha vinte anos, a marcha, que parecia triunfal, da liberdade, isto é, a da igualdade, chamava-se Congo, Argélia. Patrice Lumumba, que deu seu nome à universidade para estrangeiros de Moscou, hoje em desmanche, foi, sem a retórica do patriota italiano, o Mazzini do continente mais desafortunado, assim como, no final do século XVIII, o negro Toussaint Louverture tinha sido o Robespierre do Caribe. Mas Toussaint morreu deportado pelos franceses; Lumumba foi torturado e morto pelos seus irmãos, ludibriados — um mercenário branco o liquidou. Foi feita, assim, a vontade da Union Minière, multinacional franco-belga. E hoje, quarenta anos mais tarde, nas páginas bem internas dos jornais, lemos aquilo que sempre soubemos: a Union Minière condenou à morte ("por incidente aéreo") também Hammarskjöld, o secretário-geral da ONU, culpado por se opor à secessão da província de Katanga, da qual se apossara a Union Minière.

O filho de Patrice Lumumba, François, retornou ao Congo para recomeçar. Ele aprendeu de forma mais direta do que outros, por experiência própria, que a mudança é molecular: visível muito raramente.

Seja, pois, consentido ao estudioso tirar ensinamento do passado para se aventurar, não mais na temerária arte da previsão, mas na formulação necessária de questionamentos. Já que nenhum pensamento político pode deixar de avaliar os grandes desafios e as duras lições do século passado, para estas últimas considerações partirei da noção de "passado que ainda divide" (ou, se preferirmos, de "passado sentido como ainda vivo"). Tal passado é de extensão variada, e necessariamente, o seu ponto inicial é móvel. Movimenta-se, ou deveria se movimentar, à medida que o tempo histórico se estende. Às vezes, porém, imobiliza-se, por assim dizer, em determinados eventos, que têm a capacidade de remanescer como ponto de partida, apesar do estender-se natural do tempo. Para nós, isso se verificou com a Revolução Francesa (considerada, bem entendido, não mais apenas em relação ao país onde foi produzida, mas à humanidade como um todo), evidentemente porque os problemas que ela colocou estão, para o gênero humano, ainda sem solução, e também porque ela encerra, como em um microcosmo antecipatório, nos 25 anos que vão da Bastilha ao Congresso de Viena, num breve espaço, toda a irresoluta história posterior.

Após anos, quando ela já parecia não só concluída mas também sepultada e *condenada*, pouco a pouco foi sendo desenvolvido, num período de tempo bem mais longo, de quase duzentos anos, novamente todo o ciclo, em seu tempo contido naqueles 25 anos. Até a queda da URSS, que iniciou um novo e muito mais sanguinário, ao que parece, "Congresso de Viena". Contudo, se os problemas apresentados à época estão ainda abertos (e não vejo quem poderia negá-lo diante do espetáculo de desigualdade crescente que o planeta sofre dia a dia), coloca-se a questão à qual se aludiu pouco antes, isto é, se acaso já não esteja em movimento um novo "ciclo", talvez muito mais longo e ainda mais traumático, que se alimente justamente da virulência e dos rangidos dessa nova e armadíssima Restauração, iniciada há apenas uma década. Um ciclo do qual ninguém pode imaginar, além da duração, a ferocidade. Nessa visão, totalmente hipotética, mas não inconsciente, da fecunda "impureza" da História, a reta e o círculo se unem, numa espiral jamais tautológica.

Índice onomástico

Agostinho de Hipona, santo 101
Alarico 101
Alcibíades 12, 15
Allende, S. 102
Amipsias 13
Anaxágoras 17
Ânito 13, 16
Ariosto, L. 24, 24n
Aristófanes 12, 13, 20, 87
Aristóteles 17, 59, 68
Armao, F. 83, 83n
Aron, R. 43, 46, 46n, 47-52
Aspásia 17
Ateneu 11n
Attlee, C. R. 90, 90n

Bassaiev, C. 76
Berluscioni, S. 34n
Bin Laden, O. 101
Blair, T. 30, 37
Blanc, L. 18
Bobbio, N. 34, 34n
Bossi, U. 35, 35n
Brancoli, R. 86n
Brecht, B. 47
Bush Jr., G. 27, 29, 47, 55

Cambises 25
Capponi, G. 21, 21n
Carrère d'Encausse, H. 76, 76n
Chiesa, G. 30, 30n
Confúcio 24
Constant, B. 43
Cornewall Lewis, G. 25, 25n, 27
Crítias 12, 15
Cromwell, O. 32, 62, 88, 88n

Darwin, C. 98
De Gasperi, A. 45, 45n
De Sanctis, G. 17, 17n
Demóstenes 38-40
Deng-Xiaoping 24
Di Vittorio, G. 92, 92n
Djilas, M. 41, 49, 49n, 50-51

Engels, F. 96
Espártaco 32, 97, 107

Ford, H. 83

García Márquez, G. 23
Gates, B. 83
Gobetti, P. 18, 18n
Gorbachev, M. 52, 61, 107
Gore, A. 28, 30
Gramsci, A. 19, 19n, 21, 65-69
Guilherme II, 44n

Hammarskjöld, D. 110
Hobsbawm, E. 44, 50
Heródoto 25, 38

Ieltsin, B. 30, 61, 77

João Paulo II, papa 72
Jonasson, H. 91
Jospin, L. 91

Kissinger, H. 91
Kohl, H. 30
Kruschev, N. 41, 52

Las Casas, B. 79

Le Pen, J.-M. 35
Lebed, A. 30
Leopardi, G. 21n
Lícon 13
London, J. 98
Lopez Palafox, J. 76
Louverture, T. 110
Luciano, Lucky 83
Luís XVIII, rei da França 33
Lumumba, F. 110
Lumumba, P. 110
Luttwak, E. N. 43, 43n

MacCormick, N. 73
Maine, S. 18, 18n
Major, J. 30, 37
Malraux, A. 94
Mann, T. 46-47, 47n
Manzoni, A. 104n
Mao Tse-tung 24, 94, 104
Marx, K. 53, 90, 96, 98, 105, 109
Mazzini, G. 110
Meleto 13
Meyer, E. 78
Michels, R. 78, 78n, 80-81, 109
Mitterrand, F. 91
Montesquieu, C. de 79
Moro, A. 91
Mosca, G. 65, 68-69, 78, 78n, 81, 109
Mugnolo, D. 74n
Mundt, K. E. 46

Napoleão Bonaparte I 107
Napoleão III 45
Nixon, R. 24, 46
Noce, T. 92, 92n

Palafox, J. L. 76
Palme, O. 91
Péricles 17
Pizzorno, A. 35
Platão 12-15, 19, 39, 87, 109
Políbio 79
Polícrates 16
Prampolini, C. 92, 92n

Protágoras 14
Pujol, E. P. 75, 75n
Putin, V. 76

Ridolfi, R. 21, 21n, 22
Rifkin, J. 106
Robespierre, M. 62, 110
Ronchey, A. 24, 24n, 25n
Rousseau, J.-J. 79
Ruffini, E. 18-22

Shevardnadze, E. 53, 53n
Schröder, G. 30
Schwarcz, J. 25
Socrátes 11-20, 44
Stalin 41, 49n, 62, 104
Strozzi, C. 21

Tchernomyrdin, V. 53, 53n
Thatcher, M. 37
Tietmeyer, H. 37
Tocqueville, A. De 27-28, 87, 109
Toynbee, A. 89
Trasíbulo 15n
Trasímaco 16n
Trotsky, L. 98, 98n
Tucídides 17, 20, 20n

Venturini, F. 76
Vico, G. 81
Vigna, P. L. 84
Violante, L. 84
Voltaire, F.-M. 17, 19, 74n, 104

Wilamowitz-Moellendorff, U. von 78
Wojtyla, *ver* João Paulo II

Zarodov, K. 21-22
Ziegler, J. 98n
Ziuganov, G. 30

Xenofonte 14, 16-17

Sobre a questão da democracia e de seus discursos, propomos as seguintes obras do catálogo desta editora:

A arte do motor, de Paul Virilio

A guerra civil/BELLUM CIVILE, de Júlio César, tradução do latim e notas de Antonio da Silveira Mendonça

No mesmo barco. Ensaio sobre a hiperpolítica, de Peter Sloterdijk

Péricles, de Claude Mossé (no prelo)

O sufrágio universal e a invenção democrática, de Letícia Canêdo (org.)

Velocidade e política, de Paul Virilio

ESTE LIVRO FOI COMPOSTO EM GARAMOND CORPO 11
POR 14 E IMPRESSO SOBRE PAPEL OFF-SET 90 g/m^2
NAS OFICINAS DA BARTIRA GRÁFICA, SÃO BERNARDO
DO CAMPO - SP, EM MAIO DE 2007